JN409975

단추

이연홍 문집

단추

초판인쇄 2023년 1월 10일
초판발행 2023년 1월 18일

지은이_ 이연홍
발행인_ 이현자
발행처_ 도서출판 현자

등 록_ 제 2-1884호 (1994.12.26)
주 소_ (우)04550 서울시 중구 수표로 50-1(을지로3가, 4층)
전 화_ (02) 2278-4239
팩 스_ (02) 2278-4286
E-mail_001hyunja@hanmail.net

값 11,000원

ISBN 978-89-94820-83-5 03810

삶의 빛을 담은 시와 수필

단추

도서출판 현자

| 시인의 말 |

칠십에 능참봉이라는 말이 언뜻 스쳐갑니다.

구순을 바라보는 늦은 오후.

시를 쓴 계기는 어느 날 문득 과연 지금까지 무엇을 하고 살아왔는가의 자책감, 인생길 종착역이 눈앞인데 해놓은 것이라곤 아무것도 없는 빈손 부끄럽다는 생각이 불현듯 치솟아 두서없는 글 조각들을 모아 썼지요. 흔적을 남기고 싶은 욕심이 생겼습니다.

서툴고 매끄럽지 못한 글입니다. 앞으로 사는 동안 좀 더 배우고 노력하겠습니다.

존경하옵는 심사위원님!

헝클어지고 어설픈 글 간추려 주심에 깊이 감사를 드립니다.

늘 지도해주신 이성림 교수님!

올곧은 가르침 머리 숙여 큰절 올립니다.

감사합니다.

2023. 1
이연홍

차례

詩

1부 어시장

2부 문 바르던 날

3부 단추

4부 바람의 딸

5부 봉놋방

隨筆

평설

시詩

1부

어시장

네모난 창

동그라미 세모도 아닌
네모난 창
그 속에
오만 가지 다 들어있다

까르르 웃는
귀여운 아기와 엄마
택배요
한마디 던지고
바삐 돌아서는
아저씨의 바쁜 걸음

경비 아저씨
단지 내를 한 바퀴 둘러보고
청소를 담당한 아주머니는
주어진 시간 바쁘다

동네 공원 벤치에 앉은

초로의 부부 뒷모습
길 나선 아주머니는
배낭을 업고 간다

길도 따라 떠났네

구산동 빌라
산 그늘이 하루에
한 번씩 놀다 가는 곳

어느 날
언니는 동생들을 외면하고
천국으로 떠나셨네

동생들이 놀러 가던
그 빤한 길
그 길도
따라 죽었네

그리도
더 먹고 가라고
저녁도 먹고 가라고
살뜰히도 챙겨주던
지난 날

독실한 기독교 신자인
언니는
꽃길 따라 천국에서
영원히 잠드소서

꽃차

비닐 봉지 속에
꽃잎 한 잎
눈꽃처럼 흩날리며 지는 꽃이
길바닥에 누웠는데
오직 넌
집안까지 따라와서
거실에 누웠구나

어느 햇들 건너랴
흐드러지게 피었다가
꽃비로 내려앉으면
봄은 제풀에 녹아드는데

아쉬워라
봄은 문득 왔다
속절없이 떠나는데
따슨 볕 비껴 드는
산사에서
팽주가 다려주는
꽃잎 차 한 잔

참 홀가분하다

욕심을 내려놓으니
마음이
참 홀가분하다
비유하는 마음 접으니
참 홀가분하다
입을까 말까
망서렸던 옷 가지
정리하니
참 홀가분하다

영감님 먼저
하늘 나라로 떠났으니
깃털처럼 홀가분한 마음으로
가까운 날 돌아볼 것도 없이
훠이훠이
참 홀가분하다

누름돌

시집가는 딸에게
가슴에 누름돌을
품고 가거라

못 참을 만큼 힘들 때
누름돌로 지그시 눌러 주어라

오랜 세월 누르다 보면
누름돌이 필요 없을 때
꺼내서
디딤돌로
쓰거라

봄이 한 뼘 가까이

솔가지 사이로
높새바람 달아나고

매화꽃 망울 꽃샘바람
잔설을 녹이네

언듯언듯 꽂힌 볕살
봄 햇살이 완연하다

부지런한 농부는
소 몰아 쟁기질
잠든 흙을 깨운다

빈 둥지

한때는 보금자리였던
빈 둥지
비단결처럼 곱고 아늑하다

알에서 깨어나
날갯짓 배우더니
훨훨 날아가 버리고
뒤따라 어미도 날아가 남은 건
빈 둥지

빈 둥지엔
어느 산새가 세를 들까
전세도 월세도 묻지 말고
그냥 잘 살아라는
어미새의 바램 담은 여운을

둥지 속엔
한 번쯤 돌아보게 하는
깊은 뜻이 숨어있네

가을 민들레

가을 들판에
작고 앙증스러운
애기 민들레가 피었네

에미 품속 홀씨 하나
챙겨 나와
고운 님 만나서
정신 차려 잘 살라는
신신당부하며 떠나보낸
에미 마음 어른거린다

바람 등을 타고 날아와서
무엇이 그리 급해
다음 해 봄날을
기다리지 못하고
가을 들판에 피었는가

설야

어느 분이 가셨는고
나무도 풀도
산도 들도
소복을 입으셨나

초가지붕 내린 눈이
밤 세워 눈물인데
눈물도 모자라서
수정 같은
고드름

수련

천리포 수목원, 작은 연못
수면에
연잎 피우고
수련이 피었다

분단장 곱게 하고
청순한 자태로 함박웃음
온종일 눈부신 햇살 어르다가
부는 바람에 살랑대다가

해 뜨고 지고,
해 뜨고 지고
이울어 가는 모습 감추고
스스로 몸 꺾어 물속에서 잠든다

세상에 이런 일이

아침마다
집을 나설 때
손수건을 챙기던
지난날
종이 손수건으로 바뀌고

지금은 꼭 챙겨야 할
바로 안심
케이에프 94
황사 방역 마스크

손수건 잊어버린 건
버스 전철 타는데
눈치코치 안 봐도
마스크를 착용하지 않으면
차에서 내려야 한다
꼭 내려야만 한다

여권 비자 없이도

어름서름 없이 넘나들며
세계를 휩쓴 팬데믹
불청객 코로나

하얀 소

올해는 신축년
소띠 해
하얀 소래요

흰 눈이 장독대 위에
소복소복

보리밭에 이불 되어
소복소복

집집마다 만복이
소복소복

길은 멀어도

길은 멀어도
마음이 가까우면
가깝고
길은 가까워도
마음이 멀면
먼 것을

해넘이 해돋이

보낸 해는
온 국민이 아파하며
가슴치고 울었던
누구든 붙잡고
울고 싶었던 해
몽고반점 보다
더 선명한
멍 덩어리
가슴에 안고
검은 태양은
역사 속으로 사라졌다

을미년 아침
동해바다 맑은 물에
깨끗이 세수하고
불 덩어리 같은
정열을 하나 품고
찬란하게 솟아올랐다

올해는
오실 때처럼
가실 때도 밝으소서

어시장

"너는
엄마 젖 더 먹고 다음에 오너라"
치어는 다시 바다로 돌려보내는
넉넉한 인심

물메기 대구가
알을 낳기 위해 회귀하듯
밤새워 일한 바다 뒤로 하고
돌아온 어시장

질펀한 비린내
흥정하는 인파
산처럼 쌓이는 조개껍데기 무덤
따끈한 해물탕을 찾는 사람들

광고 등이
바닷물처럼 출렁거리는 골목 끝 식당
부부는 아침 햇귀 같은 얼굴로
손님을 맞는다

2부

문 바르던 날

고무신

어릴 적
신발을 벗어
한 짝 구겨 넣으면
돛단배가 되어
냇물에 띄우며 놀았다
손님은 개미

신 한 짝 벗어
물을 담아
붕어 새끼 한 마리 넣어
넘어질라 가담가담 걸어올 때
신발 속에
내려앉은 하늘

나무초리

처음 이사 왔을 때
화단에 소나무
일 층을 오르락내리락하더니
십 년이 지나서
사 층까지 자랐다

토종 소나무가 아닌
외래종 솔 솔잎도 세 잎
뻗어가는 가지의 모양도
다르고 껍질도 다르다

손 뻗으면
잡힐 것 같은 나무초리

구름 속을 지나 하늘까지
누가 사는지 궁금해서
올라가는 길이라고
귀띔해 준다

띠 자리

경북 예천 어느 마을에
할아버지가 자리를 매고 계셨다
고드랫돌이 팔천 번이나
넘나들어야
한 닢의 자리가 된다고

사십 수년 전
시아버님께서 손수 매신
자리 한 닢을 보내주시면서
제사를 드릴 때 띠 자리 만한 것이
없다 하셨는데 한 번 쓰지도 못하고
그만 간수를 잘못해서 여름 장마에
못쓰게 되었다

당신께서는 자식에게 아무것도 해 줄 것이 없어
들로 산으로 띠풀 찾아 한 대궁 두 대궁 모아
사랑을 올올이 엮어서
팔천 번이나 조이고 넘겨 새긴
깊고 깊은 사랑을
그땐 몰랐을까
왜 몰랐노

문 바르던 날

소슬바람이 불어오고
국화꽃이 필 무렵이면
돌쩌귀에서 문짝을 들어내어
빛바랜 종이 걷어내고
문을 바른다

창호지에 풀을 먹여 둘이 맞잡고
이음새는 문살에 맞추어
살포시 놓아 솔로 살살 쓸어내리고
자근자근 눌러서 발라야
마르면 팽팽하게
터지지도 울지도 않는다고 하였지

외풍을 막아주는
문풍지도 달고 나면
그날 밤은
삼십 촉 백열등이 더 밝았지

이제는 저편으로 밀려나서
잊혀져 아쉬운
문 바르던 날

장날

5일마다
장이 서는 날이면
동네가 텅 빈다

남정네는 등에 지고
아낙네는 곡식을 이고
장에 가서 생필품을 사온다
메레치 빨랫비누
호메이(양미리) 고기 사고
참기름 들기름을 짜 온다

장날마다 돌아치는
보부상 장돌뱅이
난전엔 사람들이 모여들고
사람 사는 냄새가 물씬 난다

돌고 도는 장날도
하루를 쉬는
장 공일이 있다

감꽃이 필 때

감꽃이 필 때
검정콩 심고
감꽃이 질 때
메주콩 심는다지

집으로
돌아오는 길에
강냉이 튀밥처럼
하얗게 떨어진
감꽃을 보고

어린 시절
먹기도 하고
실에 꿰어
목걸이도 만들던 때

감꽃 속에 그 시절이
오랜만에
참으로 오랜만에
들어섰다

삼신할매

삼칠 날
이밥에 미역국 한 그릇
간장 한 종지
소반 위에 차려놓고
먹고 자고 먹고 놀라고
빌고 비신 할머니

일생을 빈대로 살다 가는 사람도 있어
사회에 필요한 사람이 되라고
빌었으면 좋았을걸

한 살까지만 받들어 주신다는
삼신할매는
미련 없이
떠나셨나 보다

절로 우는 찬비

은빛 소년 소녀들이
항시 모이던 곳
봄날엔 개나리 살구꽃이
흐드러지게 피던 시절이
그 언제였던가

우수 무렵
휴관해서
입추가 지나고
처서가 눈앞인데
텅 빈 교실

복지관 지붕 위엔
하릴없이 긴 장마
찬비만 나리네

숨은 사과

노오란 왕겨 속에
빠알간 사과
물소리 바람 소리
함께 담아 실려온
사과 한 궤짝

다 먹었다 싶어
겨를 쏟아부으면
부끄러운 듯
숨어있는
사과 한 개

적바람 한 줄 없이
종이 상자 들여놓고
떠나 버린 너
기억도 아슴푸레
노을 속으로 사라져 간
사과 궤짝

어사화

돌을볕 울타리에 쏟아지던
그 어느 해 봄날
휘어져 샛노랗게 피어난
개나리꽃을 보시고
어머님은
아가야
어사화가 폈다

그 순간
이른 새벽 정화수 한 그릇
옥반에 받쳐놓고
아들의 알성급제
빌고 빌던 당신의 뒷모습이
노오란 꽃잎 속에
알알이 꽂혔다

여백

하고 싶은 말을
다 하지 말자
남겨둔 말은
동양화 그림 속의
여백 같은 거라네

질화로

아파트 화단 소나무 몇 그루 아래
금 바늘처럼 내려앉은 갈비

예전엔 땔감으로 불 쏘시개로
그리도 대접받던 너
타고 남은 잿불은 화로에 담아
꼭꼭 눌러두면
잉걸불보다 더 오래갔다

겨울밤
고구마 밤 구워 먹기도 하고
인두를 꽂아 바느질도 한다
늦게 오시는 아버지를 위해
삼발 꽂아 뭉근히
보글보글 청국장 찌개
언제나 도란도란
꽃 피우는
질화로

동치미

동치미를 안 담은 지
오래되었네

청운동에 있을 땐
땅에 묻어 꺼내면
쨍 한 맛이
참 좋았는데

김치 냉장고도
그 맛을 못내
담고 싶지만
그냥 둔다네

행복을 나른 편지함

단지 내 감나무
감꽃이 피고
완두콩 같은 열매 하나 품어
여름날 천둥 속에
장맛비 이겨내고
돌개바람 막아 내어
곱게도 영글었네

주홍빛 감이 탐스럽게
주렁주렁 열렸네

경비아저씨는
한 알 한 알 감을 따서
편지함 속에 넣어 주신
고운 손길
가을을 전한 편지함

호미씻이

7월을 마지막으로
올해의 김매기를 끝내고
거랑가에서 깨끗이
호미를 씻어 걸어 두고
온 동네 사람들이 모여
풍년과 안녕을 기원하는
고사를 올리고 나서
집집마다 장만한 음식으로
잔치를 시작한다

삼베적삼 땀 받으며 힘든 일을 감내하고
이 아니 좋을시고
춤추고 노래하고
함께 얼려 주거니 받거니
아름다운 이 풍속
풋굿 먹는 날
내 고향 안동에는
지금도
해마다
이맘때가 되면
풋굿 축제를 한다

호박적

신행 간 지 얼마 안 되어
옆집에 사시는 본동댁이
새득 우리 집에 가시더
굽바자 틈새 두고
어머님과 일생을
드나드는 한 마당 같은 옆집
손잡고 정지로 데리고 갔다
솥뚜껑 걸어놓고 호박적 부치다가
생각나서 하며 많이 먹으란다

본동댁은 주민등록증이 없어
평생 선거 한 번 못하고
본동 양반은 본인의 나이를 모르고
살아온 부부다
그러던 어느 날
부산에 사는 아들 집에서
홀연히 나가신 후 실종되었다
어머님
어머님 계시는 해 돋는 나라엔
본동댁 소식을 아시겠지요

세월은 그 자리

마음은 앞서 가는데
몸은 이리 더딜꼬
세월이 가는 것이 아니라
내가 세월을
쓸아 먹고 있는 것을
귀한 줄도 모르고
매일매일
야금야금
갉아먹고 있는 것을

3부

단추

고향바다

황태채를 참기름 두르고
살살 볶다가
제 몸이 오그라들면
물을 붓고
미역을 넣어 국을 끓인다

한소끔 끓인 다음에
간장을 넣으면
칼춤을 추던 미역이
수그러들고 눈물을 흘린다

내 고향바다가 그리운가
온종일 파도가 어루만져 주던
갯바위
물고기 친구들이 찾아와
사연을 풀어놓던
그곳

떠나 온 고향이 그리워
울컥했나 보다

저장된 번호 지우던 날

해가 거듭할수록 친구들은
요양병원으로 하나 둘
떠나더니

전화 연락도 힘들더니
어느 날
전화를 다른 분이 받는다
또 한 친구도 그랬다

저장된 전화번호를 지우던 날
수많은 사연들을 지우며
잘 가 다음 달에 만나
언제라도 만날 줄 알았는데

자식들 전화번호라도
알아 둘 걸
뒤늦은 후회를 하면서
무거운 마음 내려놓는다

노년의 삶

우물쭈물하다가
아침나절 보내고
어정어정 서성이다
점심 나절 보냈다

모래알만큼
많은 나날들을
모래알 빠져나가듯
흘러 보내고
지금은 빈 손

석양의 언덕에 서서
후회도 사치스러운
허당으로 보낸 날

예지랑날
고비에서 돌아본다

* 예지랑날: 경북 방언, 하루 중 늦은 오후

신이 필요한 순간에

우주를 다스리시는
하늘님
송구하옵고 염치없지만
오늘은 저의 간곡한
기도를 올립니다
대단히 부끄러운 청입니다
하늘님
스스로 내 몸을 씻을 수 있고
마지막 날까지
걸을 수 있고 스스로 음식을 떠먹고 마실 수 있도록 허락해 주시고
말을 할 수 있는 능력을 주시고
화장실을 내 힘으로
드나들게 해 주시옵소서
간절히 소망하옵니다

단추

엘리베이터 앞
단추 한 번 누르면 문이 열리고
텔레비전도
단추 한 번 눌러 켜고 끈다

전기밥솥, 전자레인지도
한 번의 누름단추로 밥이 되고
집에 들어올 때는
여섯 자릿수를 눌러야 허락해 준다

단추로 시작해 단추로 끝나는 일상
그 일상 끝내고
단추도 주머니도 없는 옷을 입고
생을 내려놓는 날

그날도
단추 한 번의 누름으로
이승과
작별하겠지

동반자

덜컹덜컹 너덜길
오 리 길도 백 리 길

알콩달콩 비단길
백 리 길도 오 리 길

단도리

날씨 춥다
옷 단디 입어레이
야무딱지게 챙기래이
주머이에 손 넣고
댕기지 말거래이
알았니더 할매

수세미

가실가실
털실이 살아있는
새 수세미

지금 쓰고 있는
닳고 닳은 수세미
너를 밀어내고
새 수세미가 들어섰다

처음에는 그랬었지 너도
세월 앞에서 앙상하게
쪼그라들고 작아지고 작아진 너
참 수고 많았다

너를 보면 나를 돌아보게 하네
새 물결이 밀려오면
고인 물은 자리를 비워주고
손 흔들며
즐거운 마음으로
물러나야지

봄나물

이른 봄
달래 냉이 쌉싸래한
입맛 돋구는 씀바귀
향긋한 쑥 된장국을
식탁에 봄을 올려 놓는다

봄나물은
지칭개 꽃다지 벌금다지
날 콩가루 옷 입혀
국 끓여 먹고
벼 벤 끌대기에 자라는
아삭아삭한 나락나물은
쌈 싸 먹는다

나물 중에 으뜸은
더덕 도라지 잔대 두릅 개두릅
'ㄷ' 자 들어간 나물
두릅 엄나무 어린 순(개두릅)은
이때를 놓치면 먹을 수 없다

독특한 향기의
그 맛
엄나무 어린 순

빈 잔

마주 앉아
아침밥 먹고
혈압 약 영양제 차례로 먹은 후에
믹스 커피 한 잔

그 어느 날
왜 안 마셔
오늘은 커피가 배달되지 않았어요
참 그르네
하며 일어섰다

산새

투 두둑 툭
아람이
가을을 치고 떠나가고

빛바랜 사연일랑
낙엽에 실어 보낸다

대추 붉어 가는
산골
외딴집
싸리 울타리에
산새가 날아와
빈집을 지켜주고

마당가에 노오란 국화는
방시레 웃는다

알랑가 몰라

당신을 그토록 미워했는데
알랑가 몰라
왜 미워했는지도
알랑가 몰라
정말 알랑가 몰라
미움도 더러는
정이란 걸

어디까지 왔노

할매가 손자를 안고
머리를 쓰다듬으며

애비 어디까지 왔노
머리 긁어 보래
손자가 뒤 꼭지를 긁으면
아즉아즉 멀었데이

한 번 더 긁어 보래
이번엔 정수리를 긁는다
애비 오고 있는 갑다

조금 있다가
또 한 번 긁어 보래이
겨우 말만 알아듣는 손자는
몇 번 몸을 뒤틀다가
이마를 긁으면
곧 온데이
애비가 곧 온데이

어머니 역

태어날 때
어머니로부터
한 장의 차표를
받았습니다

팔십 년 차표지
구십 년 차표지

내리는 역은 모릅니다
당신께서 내리라시면
내려야만 합니다

내릴 때는
앞섶에 달아준
이름표를
깨끗이 닦고 닦아서
오라고 하셨습니다

하늘 동네

천상에 집을 지어
좋아라
떠난 당신

가시 난 듯
오시어

쑥대처럼 자란 머리
깔끔히
다듬고 깎아 드리면

천상열차로
도로 가시옵소서

호미와 할매

날만 새면
밭으로 나가시는 할매
할매 따라 호미도
언제나 동행이다

“호미는 내 친구여
 호미는 내 남편이제”

밭에 풀을 맬 때도
감자 고구마를 캘 때도
언제나 같이 움직인다

할매가 쉬면 호미도 쉬고
호미가 쉬면 할매도 쉰다

힘들다 힘들다고
투정도 할 만 한데
늘상 동행이다
호미야, 호미야 정말 고맙다

4부

바람의 딸

가을 끝자락

초가지붕엔 박 넝쿨 자리잡고
고추가 널려있는 마당에
하늘을 들여 놓았다
고추잠자리는 마당을 한 바퀴 돌고
바지랑대에 앉아 지친 날개를 쉰다

빨랫줄에는
할아버지 고의적삼
할머니 왜포 치마

할아버지는 도리깨질
콩 타작 서두르고
할머니는 키질이 바쁘시다

짧은 가을 해가 금세 지고
하늘엔 아미월이 떴다

꽃들이 발광을 하네

계절에 맞게
피던 꽃들이 순서를 잃었다

며칠 전 볼긋볼긋 꽃망울이
옹알이를 하더니
금세 피어나서
온 천지의 꽃들이
한꺼번에 피는데
정신을 잃을 지경이다

선계의 서왕모가
산다는 곤륜산에 천도 복숭아꽃도 이토록 아름다울까

매화 개나리 진달래 벚꽃
아프도록 몸부림치며
한 방에 피어나서
눈길 둘 곳 잃어버린
올해의
봄 봄 봄

까마종이

여름에 흰 꽃이 피고
가을에 까아만 열매를 맺는
한해살이 식물의 이름을
얼마 전 전철에서
옆자리에 앉으신
할머니로부터 꽃모종도 아닌
모종을 보고 물었더니
까마중요 암에 좋아요
까마중 처음 듣는 이름이 신기하고 소중해서
수첩에 적었다

관상용도 아닌 이 식물이
이다지도 정겨울까
어린 시절 부뜰이와 함께
밭둑으로 들로 휘젓고 다니며
따먹던 그때가 까마종이처럼
까맣게 잊고 있다가
이 순간에
전광석화처럼 스쳐갔다
보고 싶다 부뜰아

노을빛 연가

창가에 기대서서
노을빛 지는 해를 바라본다
구름 속에 피어나는 하늘
황홀한 빛 찰나의 끝물 사랑

겉으로 꽃을 못 피우고
속으로 피어나
멋진 열매를 맺는
무화과처럼

토닥토닥 여며가며
오래도록 뭉근히 피우는
꺼지지 않는 겻불처럼

봄날

동장군 품속에
봄 아가씨 몰래 숨어
연둣빛 빗소리에
살포시 실눈 뜨고
사뿐사뿐 나오시네

하얀 구름 너울 속에
고운 얼굴 감추시고
산으로 들로 마을로
휘돌아 치더니

온 산하 동네
열두 폭 연분홍 치마에
자주색 호장 박은
샛노란 저고리
갈아입히셨네

동백꽃

동백꽃 누운 길
하도나 고와
잠든 꽃 깨울라
조심조심
제겨 디딥니다

하늘나라 왕자별님
밤마다 내려와
꽃 잠자는 아가씨를
차마 못 깨워
자장 노래 불러주고
그냥
돌아 갑니다

초록싸리꽃

어머니 산소 길에
피던 초록싸리꽃

참꽃이 피고
개꽃이 지던 산등성이엔
초여름에 피던
붉은 보랏빛 고운 꽃

반백 년도 못 사시다 가신
이승을 못 잊어 오신
혼령이신가
흔들리지 않고는
피울 수 없는
초록싸리꽃

물오리

단지를 휘감고 흐르는
실계천에
물오리 가족이 나들이를 즐긴다
어미가 움직일 때마다
쪼르르 물 이랑을 가르며
따라다닌다

물속에 구름이 내려오고
산이 거꾸로 잠겨 있는 곳
자맥질을 한다
구름을 목에 감는다
산 허리를 목에 두른다
하늘을 감아내고
우주를 휘감는다

바람의 딸

봄바람이 바람났어요
오색 무지개 옷을 입고
산으로 들로 헤집고 다녀요

매화에는 연분홍 옷을
개나리 산수유 꽃은
노랑 옷을 입혀 주지요

벚나무에는 흰나비 날개 같은 옷을
목련은 우아한 유백색 옷

뒷동산에 피는 참꽃
고향 마을에 피는 복사꽃은
현란한 만큼 아름다운
분홍 옷을 골라주고

살구꽃은 연분홍
수수꽃다리 고운 보랏빛을
주저리주저리 달아주고

초록색은 산과 들에 마구잡이로
뿌려 꽃 대궐 만들어 놓고
떠나면서 하는 말
다음 해는
딸을 보낼게요

박꽃

칠팔 월
어슬녘
눈꽃처럼 배꽃같이
이가 시리도록
수줍게 피어나는
정겨운 박꽃

초가지붕에 자리 잡고
밤마다 달을 쳐다보고
귓속말로 사랑을 속삭이며
기원했던가
보름달을 똑 닮은
박, 박이 열렸네

바늘로 콕 찔러
바늘 끝이 튕겨져 나올 만큼
여물어야 바가지가 된다고

참빗으로 곱게 빗은 낭자머리에

어머니는
돗바늘 한 개 꽂으시고
지붕 위로
올라가셨다

복수초

눈 속에 피는
노오란 옷을 입고 오는
복수초
봄의 화신이다
눈을 녹여가며 피는 꽃이
너 말고 또 있으랴

재두루미

철원 곡창지대
재두루미 한 쌍이 일찍 날아와
드넓은 평야 독차지하고
먹이를 줍는다

동토에서
구름 등을 타고 왔나
바람 등을 타고 왔나

오다가 풍악 단풍
붉었더냐 푸르더냐

다음 해 오거들랑
소식 좀 물고 오렴

햇병아리

달걀 속에서
스물 하루 동안
우주를 그리다가
스스로 깨고 나온 녀석의
첫 마디는
"삐약삐약" 이다
어미를 찾는 소린가
세상 밖으로 나온
환호인가

노오란 깃털에 노어란 부리
보고 또 봐도
귀엽고 앙증 스럽다
종종걸음으로
콕 콕 콕 좁쌀을
잘도 쪼아 먹는
햇병아리

봄날 아침에

참새가 날아와서
창틀에 앉아 있다
가끔 까치도 날아와 앉았다가
두어 번 까악 까악
아침 인사하고 날아간다

참새와 나는 유리창을
가림막처럼 사이에 두고

두리번 두리번
살피다가
호로록
날아가 버린
그 창틀엔
지금도 내 마음속엔
참새가 앉아 있다

모깃불

여름밤
평상 위에 누워
하늘을 쳐다보며
별똥별을 찾는다

쑥대 베어다 모깃불 피우면
푸슥푸슥 가는 연기 피어오르기 시작하면
매큼한 쑥 냄새가
마당을 한 바퀴 돌아
이야기 하나 엮어
푸른 꿈을 품고서
하늘까지 오른다

5부

봉놋방

회암사지

고려시대를 더듬고
조선 초기를 걸어본다
태조 이성계 나옹선사
무학대사가 나오신다
태종 세종대왕 효령대군께서도
뒤따라서

대가람의 옛터엔
주춧돌만 남아 있어
웅장했던 법당을 그려보고
삼천 명의 승려가 계셨다니
미루어 짐작해도 상상을 초월하고 가늠이 안된다
왕조의 사찰로서
행궁도 갖춘 절이다

휭 하니 절터를 돌아보니
오월 살랑 바람만 다 아는 듯
천 년을 지켜온 부도탑을
휘감고 유유히 사라진다

단옷날

단오 전날
동네 사람들이 모여
집집마다 짚 한 단씩 모아
그넷줄을 맨다
해마다 매던 그 나무에

단오에는 쑥떡 먹고
창포 삶은 물에 머리 감아
궁궁이를 머리에 꽂고
깨끼 저고리 반물치마
갑사댕기 하늘하늘
그네를 뛴다

한 번 굴러
지붕 위를
두 번 굴러
산허리를 차고 오르면
구름 속에 나부낀다

* 궁궁이풀은 액을 물리치고 향기가 독특하여 단오에 꽂는 풍속

율곡 수목원

율곡 수목원에서
전망대까지는 못 가고
지우정知遇停 정자를 돌아서 내려오는 길목에
나지막한 키에 빛깔 고운
선홍색 관상용 댑싸리

빗자루로 쓰는 댑싸리는
키 크고 몸집도 큰 것이
집 주위 빈 땅에서 막 자란
댑싸리가 아니다

키 큰 해바라기가 작아지듯
앙증스러운 꽃 댑싸리가
곱고도 곱다

봉놋방

5일장 넘나드는
장돌뱅이
등짐장수 봇짐장수
보부상
고갯길 마다 않고
가다가 노을 지면
주막에서 하룻밤

객이 많아 갈치 잠
자다 깨다 노루잠
임 그리며 여윈 잠
입은 채로 등걸 잠
궁싯궁싯 새벽 잠
사방팔방 돌꼇 잠
잠꼬대 코골기
잠버릇도 각색인데

뒤안길로 밀려난
그 시절 진풍경
주모는 간 곳 없고
터만 남은 주막집

비껴 다리

경북 영주 무섬 마을은
선성 김씨 반남 박씨 집성촌
연꽃처럼 생긴 지형에
강물이 휘돌아 흐르는
수돌이 마을

은빛 고운 모래 펼쳐진
십여 리 백사장
청옥 빛 물결 위에
그림같이 아름다운
에스자형
외나무다리

오가는 길손
더디더디 건널세라
듬성듬성
놓았네
비껴 다리

석송령石松靈

육백 년이 넘도록
지켜온 그 자리
이 마을 전설을 솔잎마다 품고
흐트러짐이 없는
그 기품 앞에 서면
옷깃이 여며지고
고개가 저절로 숙여지는 나무
이 반송 말고 또 있을까

밑에서 쳐다보면
황룡이 꿈틀거리듯 양쪽으로 뻗은
가지를 받쳐주는
디딤돌 철 기둥
해마다 정월 열 나흗날 자시에
동제를 올리고 술을 듬뿍 부어준다

토지대장에 석송령이란 이름은
자식 없이 가신 분이 짓고
나무에 상속했다
신령스러운 등신목
석송령

삼강주막

노을 지는 강나루에
등짐 장수 봇짐 장수
보부상 모여드는
삼강주막

술 한 잔에 목 축이고
국밥으로 허기를 달래던 곳
날 저물면 봉놋방에서
하룻밤 묵어도 좋아

인심 후한 주모는 글을 몰라
외상 하는 나그네는
막대기 하나 바람벽에
쓰윽 그어놓고 후일을 기다렸다

오늘
막걸리 배추부침개 도토리묵
국밥을 먹으며 그때 그 시절로
세월을 거슬러
젖어본다

구전 전래 동요

껄 껄
장 서방
자네 집이 어딘고
이 등 저 등 넘어서
콩밭 골이 우리 집일세
무얼 먹고 사는고
콩 따먹고 사네
아들 낳고 딸 낳고
재미지게 사는데
총재이(쟁이) 때문에
못 살세
껄 껄 껄

* 장 서방(꿩): 장끼

월영교

사백 년이 넘도록
무덤 속에 품었다가
시공을 뛰어넘어 살아난
원이 엄마 편지
그 애절한 사랑 편지

머리카락 잘라내어
미투리신 삼아서
지아비 저승길에
신으시라 했던가

지금
그 뜻을 담아
미투리 모양을 본떠
목책으로 놓은
월영교 월영정에
헛제사밥 저녁 먹고
오색 조명 받으며
걷고 있어요
원이 엄마

월정리역

기적소리 멎은 지
어언 칠십여 년
녹슨 기찻길 위에
세월은 내려앉고
형체마저 잃어버린
흉물로 변해 버린 채
외친다
철마는 달리고 싶다고

깊어가는 가을날
떠난 사람 학수고대 기다리던
켜켜이 쌓인 인고의 날들
목은 점점 길어지고
기다림에 지쳐버린
작고 작아진
월정리역

정랑靜廊

고양동 향교
나무 판에
붓글씨로 써서
달아놓은
정랑

정겨운 그 이름
옛 시절
시간을 뛰어넘어
고향에 가 서 있다
나는

방학 때 외가에 가서
눈 내리는 겨울밤이면
명을 잣던 외할머니
물레 가락 배불러오는 재미에
꼬박 밤을 새우시는데

할머니 무서워 변소

응, 정랑에 갈라나
밖에서 기다리실 때
멀리서 들려오는 다듬이 소리

참항

담수가 부족해서
빗물 받아 저장하는
참항

새(띠)풀을 엮어
나무에 매어 달고
비바리 머리 땋듯 땋아서
끝을 항아리에 담아
빗물을 받아 모은다

전설 속
창조주신인
설문대 할망은
섬 동네 만드실 때
할 일이 너무 많아
샘물은 빠졌나 보다

시월 시제

지금은 산에 나무가
우거져 있지만
해방이 되고 동란을
겪으면서 민둥산으로 헐벗었다

시월이면 제물을
지게에 지고 산으로 오르면
동네 꼬마들이 모여든다
묘사를 올리고 끝나면
음복을 나누어 주던
그 시절의 아름다운 풍속

맞은편 산에도 또 몰려간다
떡과 과일을 나누어 주었다
간식을 모르고 살았던
그때 그 시절
시대적 미풍양속이었다

푸른 꿈

손쉬운 농기구 호미는
쓰임새가 많다
정원을 가꿀 때도
텃밭에 일할 때도
호미를 들고 나간다

호미는 언제나
흥겹고 즐겁게 일했다
큰 꿈을 품고
먼 나라에
여행을 꼭 하고 싶었다

비행기도 타 보고
배도 타 보고 싶은
간절한 바람으로

어느 날 드디어
할매도 못 가본 미국 땅

아마존 쇼핑몰

여행 아닌 이민을 떠났다

* 경북 영주 대장간 석노기 장인이 만든 호미가 미국 아마존 쇼핑몰을 통해 판매됨.

눈 내리는 날

몸이 낡았다고
마음까지 낡으랴
마음은 시들지 않는
청춘 가슴 설렌다

차 한 잔도 못했는데
눈 내리는 날 오후 3시쯤
북악산에 안겨있는
삼청각 테라스에서
눈 내리는 숲을
내려다보며
따끈한 차 한 잔
하고 싶다

수필 隨筆

뉘

쌀을 사서 항아리에 쏟아 붓다가 찬찬히 들어다 보았다. 진주 알처럼 고운 쌀이 많은 손길을 거쳐 여기 올 때까지의 과정을 생각하니 이 쌀 한 줌이 귀하고도 귀하다.

모판에서 이앙을 해서 두세 번 애벌 매기 두벌 매기 세벌 매기를 한다. 물 조절을 수시로 해주고 농부의 발길 따라 자란다.

가을이 되면 황금 들판이 마치 보드라운 군용담요를 펼쳐 놓은 것 같아 가을 들녘은 정말 아름다운 풍경이다.

이 넓은 들을 바라보면 농부들의 땀방울이 이삭마다 알알이 맺혀 있는 낟알 속에 함께 여물어 간다.

탈곡을 하고 나서 옛날에는 연자방아 또는 디딜방아에 찧었다. 동네어귀에 물레방아를 설치해서 빻고 찧었다. 그 후 정미소에서 기계를 이용해서 도정을 하니 좀 더 수월하게 쌀을 만들었다. 겉껍질을 벗기면 현미가 되고 그 껍질이 왕겨이다. 현미를 다시 쓿어서 쌀이 된다. 이 과정에서 끝까지 껍질을 못 벗고 나온 녀석이 '뉘'이다. 본시 본적도 하나요 뿌리와 나락의 줄기도 이삭도 열매도 다르지 않는데 돌 확 속에서 연자방아 돌 틈새 육중한 쇳덩어리에 갈리고 갈리면서 옹골차게 살아 남은 독종 중에 독종이다. 그 당시엔 도정이 어설퍼서 그런 일이 생겼다. 쌀이 못 되고 이방인 행세를 하니 당연히 퇴출이다.

틈 나는 대로 할머니는 소반 위에 쌀을 펼쳐놓고 손바닥으로 살살 밀어가며 뉘를 고르셨다. 그래도 단 한 번도 성가시거나 귀찮아하시지 않으시고 당연하게 받아 드리시고 하시었다. 더러는 손톱으로 까시기도 하시고 골라서 닭 모이로 주시기도 하셨다. 그때는 쌀에 돌이 섞여 있어 꼭 바가지로 쌀을 일어야 했는데 여간 성가신 일이 아니다. 돌 고르는 기계가 등장해서 해결됐지만 그때는 그랬다.

새 며느리가 들어오면 '뉘'를 한 웅큼 섞어서 일거리를 만들어 주었다. '뉘'를 고르다 보면 잡념을 물리치고 '뉘' 줍는데 심취해서 잠시라도 잊어버리는 정신 안정 치료제 역할도 했다.

'뉘'가 힘든 과정을 겪으며 '뉘'로 살아온 것처럼 우리 세대는 갖은 풍상을 다 겪었다. 일제강점기 동족상잔의 6.25 사변으로 부모형제가 헤어져서 9.28 수복 후 아버지와 오빠가 무사히 돌아오셨다. 그 후 오빠는 입대 통지서를 받고 제주도 훈련소에서 교육을 받으시고 곧 바로 일선에 배치되어 총알이 빗발치는 전선에서 싸우시다 부상을 입고 강릉 병원에 계시다가 제대를 하셨다. 그 당시엔 살아오신 자체도 기적이었다. 마치 확 속에서 살아나온 '뉘'처럼.

지금은 '뉘'가 무엇인지도 모르는 아이들이지만 그때 그 시절은 그렇게 살아왔다. 잊고 살아온 지도 수십 년, 아직도 마음속에 모질고 모진 '뉘'가 살아있었다.

남양주를 찾아서

지난 3월부터 시작한 강동문화원 주최 '전통예절과 우리 문화' 강좌 종강을 20여 일 앞두고 마지막 유적탐방을 나섰다. 날씨까지 한몫 더해 둘러보기에 좋았다.

교육을 담당하신 박희 교수님의 인솔로 해박하신 학식과 풍부한 경험으로 가는 곳마다 해설을 똑 부러지게 해주셨다. 수로 알려지지 않는 곳을 찾아가는 것이 박 교수의 지론이다.

가는 도중에 일정에는 없었지만 두물머리에서 잠시 내려 둘러봤다. 강물은 유유히 흘러가고 수백 년 지켜온 느티나무는 단풍이 곱게 들어 우리를 기다려 온 듯이 아낌없이 보여주고 있다. 언제 봐도 서울을 품어 안고 흘러가는 한강이 얼마나 아름다운지! 프랑스의 세느강이나 영국의 테임즈강을 보면 알 수 있다.

처음 들린 곳은 세조의 맏며느리요 성종의 어머니 인수대비의 친정 아버지 한확韓確의 묘소다. 신도와 어도만 없을 뿐 능에 버금갈 정도로 조성이 잘되어 있고 석물도 대단했다. 또한 비각은 크고 아름다웠고 독특했다.

다음은 광릉, 입구에서 진입로 들어가는 길은 숲이 우거지고 나무들이 울창하고 오색 단풍으로 울긋불긋 만산에 비단 실로 수를 놓은 듯하다. 세조와 정희왕후 능은 유일하게 동원이강릉同原異崗陵이다. 즉 같은 동산에 언덕만 다르다는 것이며 유두혈이라고 했다. 그리고 정자각이 하나다. 유네스코 세계문화유산 등재심사로 사전답사를 왔을 때 둘러보고 "생태 보존도 잘되어 있을 뿐 아니라 어디에도 이런 곳은 없다"고 극찬을 했다는 해설사의 설명이었다.

발길을 돌려 팔십 평생을 한으로 살아오신 비운의 단종왕비, 정순왕후의 사릉은 보는 이의 마음을 아리게 했다. 낙산 공원 성곽 밖에 이수광이 지봉유설을 집필했던 비우당庇雨堂이 있다. 이곳에는 자지동천紫芝洞泉이라고 바위에 새겨놓은 각자가 있고 그 옆에 자주동 샘이 있다. 이곳 물을 길러 비단을 적시면 자주색이 들었다고 하는데, 대궐을 떠나오신 정순왕후는 이 비단을 팔아서 생계를 유지하고 단종이 돌아가신 후 비우당에서 가까운 청룡사에서 82세에 생을 마감할 때까지 사셨다 한다.

다음에 들린 곳이 광해군 묘소. 여기는 사전 예약을 해야 관람할 수 있는 곳이다. 상상했던 것보다 더 초라했다. 치적도 많은데…… 아무도 찾아오지 않는 발길도 뜸한 깊은 산속. 안타까운 마음 안고 돌아섰다.

이번에 찾은 곳은 고려 말 충신 대은大隱 변안열邊安烈 장군의 묘소이다. 답사를 간다는 말씀을 듣고 문중에서 나오셨다. 음료수도 준비를 하시고 반갑게 맞이해 주시며 설명을 상세히 해주셨다.

변안열 장군은 중국 심양에서 태어나셨고 1351년 원의 무과에 장원급제를 했으며 노국공주를 모시고 1352년에 고려에 오셨다. 공민왕으로부터 본관을 원주 변씨로 하사 받아 원주 변씨의 시조가 되었다고 한다.

1361년 공민왕 10년 홍건적을 물리친 공으로 이등공신 판소부감사를 지냈고 우왕 때는 이성계와 함께 왜적을 크게 물리치는 등 공을 세웠으나 다음 해 1389년 김저 등이 이성계를 제거하고 고려를 지키기 위해 모의한 일에 연루되어 유배 후 사형을 당했다.

이방원의 하여가 정몽주의 단심가 그 중에도 변안열 장군의 불굴가不屈歌는 가슴을 저리게 파고든다.

"가슴팍 구멍 뚫어 동아줄로 마주 꿰어
앞 뒤로 끌고 당겨 감켜지고 쏠릴망정
임 향한 그 굳은 뜻을 내 뉘라고 굽히랴"

신도비에는 달 속에 토끼가 방아 찧고 뒤쪽은 태양 속에 산다는 상상의 새 삼족오三足烏가 조각되어 있다. 경상북도 봉화군에서 기념식수 했다는 나무 한 그루가 보였다. 봉화 거

촌에 변씨의 집성촌이 있는데 변안열 장군의 자손일지도 모른다는 생각이 들었다. 안동 서후면 금계리(속칭 검제)에도 변씨 종가가 있는데 이 역시 자손이 아닐까 생각했는데 다음날 변씨 종녀를 만나서 물어보았더니 그렇다고 하면서 원주 변씨는 12종파가 있는데 친구는 첨추공파 종택이라고 했다. 검제는 고모님이 그곳으로 출가를 하셔서 자랄 때 가끔 놀러 가서 변씨 딸들과 어울려 놀았는데 원주 변씨라는 것도 이번에 알게 되었다.

한참 정신없이 재미에 빠져 돌아다니다 보니 점심 시간이 훌쩍 지나서 예약된 음식점으로 가서 오리백숙을 달게 먹고 후식은 박 교수님 지인이 이곳에 계셔서 단풍이 곱게 물든 정원에서 과일과 맥주 커피를 융숭히 대접 받으며 함께 어울려 즐거운 시간을 보내고 아쉬워하며 일어섰다.

오후엔 금곡으로 향했다.

고종 명성황후 홍릉, 순종 유릉, 영친왕 영원, 의친왕 묘, 덕혜옹주 묘를 둘러보기로 하였다. 홍릉은 정자각이 아니고 일자각 맞배지붕 '침전'으로 되어있는 것은 기존 능과 다른데 그것은 고종이 황제였기 때문이다. 왕은 정자각이나 황제는 다르다. 석물도 더 크고 동물의 형상이 많다. 의친왕과 덕혜옹주 묘는 한시적으로 11월 30일까지만 관람할 수 있다. 5시까지 입장할 수 있고 6시면 문을 닫기 때문에 서둘러

의친왕 묘 덕혜옹주 묘로 갔다.

영화도 봤지만 덕혜옹주의 삶은 이국 땅에서 나라 없는 슬픔을 온몸으로 견뎌내며 고종의 지극한 부성애를 받았던 어린 시절, 뼛속 그리움을 감추고 얼마나 피눈물을 흘리며 살아왔을까?

뒤늦게 조국에 돌아와 낙선재에서 정신마저 흐려진 상태로 사시다가 가신 덕혜옹주님, 묘를 등지고 무거운 마음 안고 돌아섰다.

퇴장 시간을 넘기고 정문으론 나갈 수 없어서 뒷문으로 나와 한참 걸어왔다. 조금 더 걷는 것이 무슨 대수랴. 각양각색의 단풍이 든 나무들을 보며 다시는 돌아올 수 없는 이천십육 년의 이 가을, 해는 넘어가고 후회 없는 오늘 하루가 석양 속에 저문다.

사리가 된 간장

간장을 담은 지 7년이 넘었다.

된장은 몇 년이 지나니 물이 졸아들어 그냥 두고 먹기에는 적당하지 않아서 콩을 삶아 헐렁하게 콩물을 잡아 함께 섞어서 자작자작 도닥거려 눌러 놓으면 나달 가서 어우러져 맛이 든다.

그 일은 겨울철에 해야지 봄이 되고 여름철에는 날씨가 더워지면 변질이 되니 때를 잘 맞추어 콩을 푹 삶아서 넣어야 한다. 그리고 간장을 뜨다가 장독 밑바닥에 무엇이 딱딱한 것이 엉켜있어 자세히 보니 세월 따라 소금이 내려앉아 다이아몬드처럼 해맑은 구슬같이 빛이 나는 갈색 사리가 되었다.

수년 동안 밑바닥에서 몸을 오그리고 누워 사리가 될 때까지 힘든 인고의 나날들 얼마나 힘들었을꼬…… 꺼내서 버려야겠다고 생각하다가 접고, 어미가 된장인데 그 속에서 나온 자식이니 버리기는 참 아깝다는 생각이 들어 전부 긁어내어 플라스틱 통에 넣어 놓고 생각하다가 알갱이 하나를 맛을 보니 틀림없는 간장 맛이다. 똑같다.

음식에 이용해도 되겠는걸.

간장도 모자라는 판에 그래서 간장 대신 뭇국 끓이는데 넣었더니 오히려 농축되고 깊은 맛이 훌륭했다. 속으로 '털석 버렸다면 어쨌을 뻔했노.' 스스로 나를 칭찬했다. 내가 나를 칭찬하는 일은 처음이자 마지막이 아닌가 싶다.

맑은 유리 알갱이 결정체 사리를 볼 때마다 보석처럼 소중한 생각이 든다. 응고된 사리는 망치로 두들겨야 분리가 될 만큼 단단하다.

오늘도 얼갈이 배추로 날콩가루를 입혀서 무를 채 썰어 넣고 끓이는데 사리로 간을 맞춘다. 살짝 불을 낮추고 넣어 뭉긋이 달이면 된다. 콩가루를 입힌 배추를 넣은 다음에 불을 낮추지 않으면 콩가루가 벗어져서 맛이 없고 뽀얗게 끓여지지도 않고 볼품이 없어진다.

적은 요리에는 작은 사리, 많은 요리에는 큰 사리를 골라 넣어 맛을 맞춘다.

사람은 살다가 늙어지면 돌 하나를 이고 무덤 속으로 들어가고 큰 스님은 일생 동안 심신을 수양하시고 선행을 몸소 실천하시다가 열반에 드시고 다비식을 마치면 영롱한 사리를 남겨 영원히 부도탑 돌속에서 잠 드신다. 또한 간장도 오래 살아서 멋진 사리를 남기고 마지막으로 생을 내려놓는다.

새 달력을 걸며

해마다 십일월 말이나 십이월 초순이 되면 은행에서 달력을 배부한다.

올해의 달력은 부족하여 단 하루에 끝냈다.

구태여 은행 달력을 선호하는 것은 구입하기도 쉽고 속설이지만 제일 먼저 은행 달력이 집에 들어오면 '부자 된다'는 뜬소문 때문이기도 하다.

칠팔십 년 전 어릴 때 기억은 달랑 한 장의 달력이 아닌 년력이다.

농경 사회에서는 음력이 필요했고 일진 이십사 절기 조상님 대대로 음력을 기준으로 생신이나 기일로 살아오셨기 때문이다. 이 한 장의 달력을 벽에 따악 붙여 놓고 일년 내내 두고 봤다. 그러다가 새 달력이 나오면 그 자리에 붙여서 새로운 한 해가 시작되었다. 그러다가 달력에 여배우들의 사진이 한복을 곱게 입고 등장했다. 최은희, 김지미, 문희 등등 달력뿐만 아니라 얇은 반투명 종이로 된 일력도 나왔다. 매일 한 장씩 뜯어서 그 당시에는 종이가 귀해 화장지로 사용했다. 그러다 보니 항상 제 날자에 뜯지 못하고 먼저 뜯겨 나가서 본의 아니게 일력 구실을 못한 셈이다. 그뿐 아니라 유명한 화가 단원 김홍도, 혜원 신윤복, 오원 장승업, 삼원의 그림이 등장했다. 조선 시대에는 신년이 되면 임금님께서 문무백관들에게 달력을, 오월오일 단오절에는 부채를 하사하셨다.

요즈음 달력은 음력도 일진도 없는 달력이 많아 농협 달력이 다 갖추고 나와서 그 달력을 선호한다. 우리 동네 농협에서는 통장 개설이 없다는 이유로 얻을 수 없어서 다른 동네에 가서 얻어 오곤 했다. 폭과 길이가 잘 맞는 달력을 얻어와 사용했는데 이제는 그곳까지 가는 것이 힘들어 그냥 두기로 했다.

삼 년 전 우리 동네 고전 번역원에서 강의가 있어 십일월 마지막 회를 끝내고 나오는데 어떤 남자분이 달력을 나누어 주셨다. 대구 '대보사大譜社' 달력이다. 얼마나 고맙던지.

우리나라 족보 문집을 총망라하여 만들어 내는 '대보사'.

달력이 나의 마음을 들뜨게 했다. 고전 번역원에 강의가 고마웠다. 거기를 나가지 않았으면 어찌 이 달력을 볼 수 있었을까. 이 달력에는 동그라미를 그만 두고 다른 달력에 가족들 생일 기일을 올렸다. 해마다 올리는 기념일이지만 동그라미는 늘지 않고 올해는 오히려 줄었다. 지난해 시누이 내외분께서 돌아가셨기 때문이다.

세월은 빨라서 어느덧 새 달력을 구입할 때가 되어 본사에 대보사 달력이 서울에도 있는데 전화번호가 없어 번호를 부탁 했더니 '연세가 있으신 것 같은데 이 추위에 가시겠어요?' 하시며 보내 주겠노라고 하셨다. 얼마나 고맙던지…….

십이월 초에 배달되었다.

새해를 맞이해서 크리스마스 추리의 반짝거리던 불빛이 아직도 남아 있는데 연말이 돌아와 다음 해 달력이 필요한데 대보사 달력을 갖고 싶지만 또 부탁하기가 염치가 없어서 전화기에 손을 올리다 그냥 두었다.

그런데 기대도 안 했는데 십이월 초 달력이 배달되었다.

얼마나 고맙던지 바로 그 자리에서 감사 편지를 썼다.

'대보사 가족 여러분께'

이런저런 험한 세상이지만 사회의 한구석엔 이렇게 아름다운 면이 있는 이 나라는 살기 좋은 곳 오늘은 살맛 나는 날 올해의 일년이 매일매일 즐거움 속에서 감사한 마음으로 하루하루를 살아가겠습니다.

이야기 사잇길

현관 문을 나서면 옆으로 수수꽃다리 나무가 몇 그루 있고 그 앞에는 대왕참나무, 주목, 참꽃, 철쭉, 목련이 그리고 작은 공원엔 소나무, 회화나무, 느티나무, 배롱나무, 대추나무, 자작나무, 명자꽃 나무와 철쭉이 무리 지어 있지요.

그 길을 따라가다 보면 나만의 길이 있습니다. 내가 제일 좋아하는 오솔길 아니 사잇길이 숨어 있습니다.

이곳에 길이 있을까? 생각조차 못하는 사람들이 많아 언제나 이 길은 혼자 오가며 한번도 지나다니는 사람을 만나지 못했으니 나만의 길이요 사색의 길입니다. 좀처럼 밟아보지 못하는 무명 한 필 길이쯤 되는 흙 길을 걸을 수 있어서 여간 즐겁지 않아 흥이 절로 납니다. 좁다란 소로엔 계절마다 많은 이야기들을 들려줍니다.

이른 봄 자박자박 걷다 보면 새싹이 뾰족이 내밀며 봄을 알립니다. 지나갈 때마다 다른 것을 보여줍니다. 진달래가 피고 목련의 우아한 자태와 은은한 향내 벚꽃이 구름처럼 피어나면 뒤질세라 수수꽃다리 꽃 향기가 온 동네를 휘감아 나를 취하게 합니다. 철쭉꽃은 무리 지어 진분홍, 흰색, 빨강, 분홍이 뒤섞여 다투어 피어나서 그야말로 꽃동네지요.

아홉 가지 덕을 갖추었다고 하는 구덕초, 민들레 꽃도 양지 바른 자락에서 씨앗 맺을 차비를 합니다. 어느 꽃인들 곱지 않으랴마는 흙을 밟고 지나가는 사잇길엔 가지가 휘어져 찔레꽃이 필 때면 늘어진 가지가 가는 길을 막지만 바람에 실리어 퍼지는 향기는 나의 발걸음을 멈추게 하고 아스라히 사라져 간 기억 저편에 찔레꽃 순을 꺾어 먹던 그 어릴 때가 잠깐 스쳐갑니다. 한참 동안 꽃 가까이서 냄새를 맡으며 '올해도 어김없이 꽃을 피워 주어서 고맙다'고 속삭입니다. 꽃이 떨어지면 빨간 열매를 맺어 이듬해까지 보여줍니다. 나비도 날아와서 춤을 춥니다. 저마다 각각 할 일을 찾아서 하지요. 파아란 하늘을 이고 오르는 층계는 깃털처럼 가벼운 발걸음이 부응 뜨는 기분입니다.

비 오는 장마철엔 또 다른 이야기를 들려줍니다. 약간 낮은 지대에 빗물이 고여서 못 지나가게 길을 막습니다. 자세히 들여다보니 꼬물꼬물 올챙이들이 새까맣게 무리 지어 헤집고 난리가 났습니다. 어미 개구리가 얼마나 다급했으면 웅덩이도 아닌 이곳에 알을 낳았을까……. 그것을 보는 순간 걱정이 밀려옵니다. 장마는 싫지만 이 올챙이들이 개구리가 될 때까지 수시로 비가 와서 마르지 않게 해달라고 빌어봅니다. 아무래도 개구리가 될 때까지 내 바램을 들어주지 않을 것 같아서 지나갈 일이 없어도 가서 들여다 봅니다. 며칠만 비가 안 오면 금방 물이 말라 버릴 것을……. '철부지급轍

鮒之急 수레바퀴 자국 속의 붕어'처럼 다급함의 신세와 같다는 고사성어를 떠올리며 제발 개구리가 되여라. 너희들이 다음 해엔 개구리가 되어서 그 청량한 울음 소리를 들려다오.

오늘도 이 길을 지나갑니다. 내일은 또 무슨 이야기를 보여줄까. 설레는 가슴을 안고 자박자박 쭉쭉 벋은 자작나무와 흙길을 걸으며 구름 몇 점 떠 있는 파아란 하늘을 이고 남은 내 인생에 아낌없는 박수를 보내며 힘든 일들은 마음속에서 내려놓고 이 사잇길을 오늘도 걷고 내일도 걸어가자.

월복

일년은 24절기다. 봄·여름·가을·겨울로 계절마다 여섯 절기로 나누어 있다. 즉 봄은 입춘, 우수, 경칩, 춘분, 청명, 곡우 여름은 입하, 소만, 망종, 하지, 소서, 대서다. 가을은 입추, 처서, 백로, 추분, 한로, 상강이고 겨울은 입동, 소설, 대설, 동지, 소한, 대한이다.

옛 조상님들은 입춘을 그 해의 시작이라 '설'이라고도 했으며 나라와 가정의 평안을 기원하는 입춘 방을 대문이나 기둥에 써 붙였다. 윤달이 드는 해는 쌍춘년이 들기도 한다. 마지막 절기가 대한이다. 한식이나 삼복은 절기에 들어가지 않는다. 그러나 삼복은 이 절기와 깊은 관계가 있다. 왜 그럴까?

어느 해는 삼복이 20일 또는 30일에 말복이 된다. 올해가 그렇다. 열 번째 절기 하지로부터 세 번째 庚日경일이 초복이 된다. 7월 13일이 초복, 23일이 중복, 8월 2일이 말복이 안 된 것은 입추가 지나지 않아서다. 그래서 10일이 더 늦어져서 8월 12일이 말복이다. 이것을 월복越伏이라 한다. 지난해는 입추와 말복이 같은 날이었다. 더위가 절정이다. 이름값을 톡톡히 한다. 만일 삼복지간이 추우면 이 또한 야단 아닙니까. 더울 때는 더워야 곡식도 여물고 풍년이 들겠지요. 더위도 잠깐이면 또한 지나갑니다.

입추도 멀지 않으니 다시 돌아오지 않을 이 여름을 즐기며 사랑하며 보내려고 마음 먹으니 시원한 바람이 마음으로부터 불어옵니다.

성묘 길에서

개나리, 진달래가 꽃망울을 터트릴 무렵 집안에서는 성묘를 간다.

봄 한 철, 가을 한 철.

그곳은 신라 때 의상대사가 창건했다는 천년 고찰 부석사浮石寺가 있고 소수서원紹修書院이 있다. 절의 무량수전無量壽殿은 동양 최고最古의 목조건물로 공민왕이 현판을 썼다고 전해지며 배흘림 기둥으로 유명하다. 순흥엔 풍기 군수로 부임한 주세붕이 세운 최초의 서원으로 백운동서원白雲洞書院은 안향을 배향하였다. 그 뒤 퇴계 이황이 부임하시면서 명종에게 누차 상언하여 최초의 사액 서원으로 '紹修書院'이라는 어필 편액을 하사하셨다. 현재 편액은 선비촌 박물관에 보관되어 있다.

영주에 도착하니 시누이는 점심으로 날콩가루를 넣고 구수한 손국수를 정성스럽게 끓여 주어서 맛나게 먹고 성묘를 올리고 돌아와 하룻밤을 보내고 헤어지기 아쉬워 두 분 시매부 내외분을 모시고 점심을 먹고 떠나기로 했다. 행선지가 분분했으나 남편이 수없이 노래 부른 고치령(고칫재)을 넘기로 하였다.

단산에서 좌석으로 첩첩산중 넘어가는 길에 들어서니 근년에 겨우 자동차 한 대가 지나도록 닦은 길 중간중간 덜 된 곳이 있고 맞은 편에 차가 오면 비켜설 너비도 안된다. 지금 수림 사이로 햇살이 비집고 도다녀갔다. '마락'이라는 동네를 지나고 지금은 폐교가 된 꼬마 분교 종소리 멎은 지 오래다. 경상, 충청, 강원도가 경계인 '이풍'이라는 동네를 벗어나니 바로 영월 땅 김삿갓 묘가 나온다. 무덤을 오른쪽으로 끼고 위로 올라가니 유기농 민박이라는 음식점이 보였다. 노부부가 손수 가꾼 야채와 집 주위에 뜯은 들·산 나물로 차린 밥상이다.

먼저 메밀전을 주문했는데 그 맛이 혀끝으로 감겨드는 향긋함, 봄날 갓 돋아난 풀잎 내음, 그 특유한 맛에 정신없이 먹은 뒤 무슨 나물이냐고 물으니 어린 당귀잎이라 하셨다. 맛을 돋구어 준 것은 간장도 한몫했다.

메밀은 대궁이 붉고 꽃은 하얀색이며 열매는 검다. 메밀묵, 메밀전, 냉면, 국수 그리고 만두도 만들어 먹는다. 어린 싹은 나물로도 먹는다. 자란 후에는 가축의 사료로 쓰인다고 한다. 민들레 김치도 쌉싸름한 맛이 입맛을 당기게 하고 청국장도 맛이 좋아 밥상 위에 봄을 먹고 간다.

칠순이 넘으신 노부부는 꾸밈없고 순박하시다. 정까지 덤으로 주시는 할아버지·할머니가 건강하시기를 바라면서 돌아오는 길을 서둘렀다.

평설

이연홍 선생님의 문집 『단추』 발간을 心祝드리며

- 선연선과(善緣善菓)의 아름다운 결실 -

이성림
(문학박사·명지대학 명예교수)

이연홍 선생님의 문집 『단추』 발간을 心祝드리며

- 선연선과(善緣善菓)의 아름다운 결실 -

이성림(문학박사·명지대학 명예교수)

이연홍 선생님과의 오랜 인연에 대하여 생각해 봅니다. 선생님과는 근 십삼 년여 간의 공부 만남을 지속해 오고 있습니다. 단아하신 선생님을 마음 안에 모셔놓고 얼마간 묵상합니다. 참 좋은 인연 맺어 왔다는 감사함에 눈시울 젖습니다.

선생님은 1분단, 맨 앞자리, 고정석이 없는 복지관이지만 늘 그 자리 그대로 항일하게 자리하고 계십니다. 정금위좌正襟危坐의 자세로 매무새를 바로 하고 단정하게 앉아 계십니다.

선생님은 크게 과욕 없이 고르게 유지하고 계시는 평정심에 방학도 없이 진행되는 매주 월요일의 아침 공부 시간에 고요히 화평스럽게 참여하십니다. 하나를 깨치시면 열을 짚어 내시는 명석함이 있습니다.

선생님은 필연의 자연 질서를 존중하며 품격 있는 사유를 유지하십니다. 숙성된 숙어熟語의 정갈함을 보여 주십니다. 삶의 수범을 보이시는 분으로 매사 허투루 하지 않으심을 조용

한 동작과 음성으로 보여 주십니다.

선생님은 시간을 말갛게 울궈낸 문학혼을 수선스럽지 않고 정갈하게 담아 내십니다. 그 결과, 2022년 종합문예지 〈착각의 시학〉 겨울호에 신인상을 받으며 시인으로 등단하셨습니다. 노력의 결과입니다.

선생님은 안동에 태를 묻으시고 고향, 안동에서 유년과 중등학교 과정을 공부하시면서 전통적 유풍의 고향 정서가 몸에 밴 어르신입니다. 모든 행동거지나 사고방식이 한 치 빈틈없이 안동 양반의 본을 보이시는 분이십니다.

시인의 말에서, 구순을 바라보는 늦은 오후라고 하셨습니다. 그런데도 선생님의 맑은 눈빛은 형형하시기만 합니다. 여전히 명료하신 사유를 잘 견지하고 계십니다. 선생님의 모든 사유의 결실을 문집에 담아 펼쳐내시는 모습이 주위에 귀감이 되고 무엇과도 견줄 수 없는 좋은 선물 나누어주심이라고 생각하며 기쁘게 축하의 말씀 올립니다.

아주 오랜 세월, 생활 속의 문학 언어를 어루만져 오신 선생님의 빛나는 문집, 『단추』 출간을 축하드리는 바입니다.

더욱이 선생님은 아드님 세 분을 자손으로 두고 있습니다. 모두 효성스럽게 어머니 손발이 되어 수족같이 살펴 드리고 있음에 바라보는 저희들을 안도하게 합니다.

내내, 자손들과 더불어 연연세세 강건하시옵소서!

Ⅰ. 삶의 본질을 직시하는 은수자隱修者의 모습

선생님은 체구가 그리 크시지 않습니다. 그러나 꿰뚫어 보시는 모습은 만 리 밖을 보고 계십니다. 철학자의 깊은 사유와 의연한 모습은 세속에서 멀리 떨어진 산사에서 도를 닦으시는 은수자隱修者의 적요寂寥를 유지하고 있습니다. 삶의 본질을 직시하고 계십니다.

표제작으로 되어 있는 〈단추〉에서 극명하게 잘 드러나 있음을 알 수 있습니다.

> 엘리베이터 앞/단추 한 번 누르면 문이 열리고/텔레비전도/단추 한 번 눌러 켜고 끈다//전기밥솥, 전자레인지도/한 번 누름 단추로 밥이 되고/집에 들어올 때는/여섯 자릿수를 눌러야 허락해준다//단추로 시작해 단추로 끝나는 일상/그 일상 끝내고/단추도 주머니도 없는 옷을 입고/생을 내려놓는 날//그날도/단추 한 번의 누름으로/이승과/작별하겠지

「단추」 전문

사람의 일생을 '단추'라는 단어 하나로 극명하게 표현하고 있습니다. 모든 인생의 여정인 삶의 수순을 꿰뚫어 보고 있습니다. 단추 하나 누름으로써 하루를 시작하고 끝내는 외면할 길 없는 단추 하나 누름으로써 인생의 막이 내리고 있는 현실을 시적인 형상화로 승화시키고 있습니다.

> 욕심을 내려놓으니/마음이/참 홀가분하다/비유하는 마음 접으니/참 홀가분하다/입을까 말까/망서렸던 옷가지/정리하니/참 홀가분하다//영감님 먼저/하늘 나라로 떠났으니/깃털처럼 홀가분한 마음으로/가까운 날 돌아볼 것도 없이/훠이훠이/참 홀가분하다
>
> 「참 홀가분하다」 전문

제목에서처럼 한 생을 내려놓고 보니 참으로 홀가분한 것이 인생의 속성이고 본질인 것이라고 설파하고 있습니다. 욕심과 비유로 견주던 이승의 삶이 얼마나 부질없는 것인지를 바깥 선생님의 별세 앞에서 뒤돌아볼 것도 없이 홀가분한 것이 인생이고 궁극적으로 그리 살아야 함을 은연중 내포하고 있습니다.

> 구산동 빌라/산 그늘이 하루에/한 번씩 놀다 가는 곳//어느 날/언니는 동생들을 외면하고/천국으로 떠나셨네/동생들이 놀러 가던/그 빤한 길/그 길도/따라 죽었네//그리도/더 먹고 가라고/저녁도 먹고 가라고/살뜰히도 챙겨주던/지난 날//독실한 기독교 신자인/언니는/꽃길 따라 천국에서/영원히 잠드소서
>
> 「길도 따라 떠났네」 전문

비교적 사람의 죽음을 초연하게 삭혀 내리시는 마음의 근력筋力이 범상치 않음을 알 수 있습니다. 사람이 죽으니 그 사람이 걸어 다니던 길도 따라서 죽은 거라는 마음의 눈이 천생 시인이십니다. 그렇게 환치換置하시는 마음의 움직임이 바로 시인의 상상력이며 시적 형상화 작업인 것입니다.

시집가는 딸에게/가슴에 누름돌을/품고 가거라//못 참을 만큼 힘들 때/누름돌로 지그시 눌러 주어라//오랜 세월 누르다 보면/누름돌이 필요 없을 때/꺼내서/디딤돌로/쓰거라

「누름돌」 전문

오랜 세월 살아오신 선생님은 누구에게나, 어떤 순간에서나 누름돌 하나만큼은 꼭 필요하다는 것을 이미 알고 계십니다. 시집살이의 어려움을 내 세우셨지만 실은 인생살이 대부분이 다 그렇다는 것을 미루어 짐작으로 아시는 겁니다. 사회생활도 마찬가지입니다. 잘 누르고 누르다 보면 언젠가는 그 누름돌이 받침돌이 될 것이라는 사유가 매우 설득력이 있습니다.

한때는 보금자리였던/빈 둥지/비단결처럼 곱고 아늑하다//알에서 깨어나/날갯짓 배우더니/훨훨 날아가 버리고/뒤따라 어미도 날아가 남은 건/빈 둥지//빈 둥지엔/어느 산새가 세를 들까/전세도 월세도 묻지 말고/그냥 잘 살아라는/어미새의 바램 담은 여운을//둥지 속엔/한 번쯤 돌아보게 하는/깊은 뜻이 숨어있네

「빈 둥지」 전문

가득 채워졌던 둥지가 언젠가는 빈 둥지 되는 날이 올 것임을 선생님은 이미 알고 계십니다. 어미새에 비유하여 사람도 떠나간 자식들이 잘 살기를 바라는 어머니의 마음으로 빈 둥지를 바라보며 기도와 정성을 다하고 계실 우리들의 노모를 생각하게 하는 마음이 눈물겹습니다.

길은 멀어도/마음이 가까우면/가깝고/길은 가까워도/마음이 멀면/먼 것을

「길은 멀어도」 전문

하고 싶은 말을/다 하지 말자/남겨둔 말은/동양화 그림 속의/여백 같은 거라네

「여백」 전문

덜컹덜컹 너덜길/오 리 길도 백 리 길//알콩달콩 비단길/백 리 길도 오 리 길

「동반자」 전문

시가 길어야 하고 리듬이 있어야 하고 운율이 있어야 하는 것은 아닙니다. 위에서와 같이 짧은 단축법으로 뜻을 명료하게 전달하고자 시도하심도 눈여겨 볼만합니다. 누구나 다 아는 진리일 것 같지만 표현해내기는 수월치 않습니다. 또한 그것을 글감으로 포획하여 울림이 있는 작품으로 승화시키는 작업도 만만치 않습니다. 그러나 선생님은 때로는 이렇게 촌철살인 의 시언어를 구사하십니다. 「길은 멀어도」에서는 사람의 마음이 중요하다는 것, 「여백」에서는 말을 아끼는 정신적인 자세의 고취를, 「동반자」에서는 더불어 함께 가는 것의 소중함을 잘 표현 해내고 있습니다.

마음은 앞서 가는데/몸은 이리 더딜꼬/세월이 가는 것이 아니라/내가 세월을/쏠이 먹고 있는 것을/귀한 줄도 모르고/매일매

일/야금야금/갉아먹고 있는 것을

「세월은 그 자리」 전문

세수가 높으신 선생님께서는 앉은 자리에서 생의 본질을 파악하고 계십니다. 세월을 야금야금 쏠아 먹고 있다는 표현이 참으로 실감 납니다. 그 말이 그 말이 아니라 마음과 몸이 달리 일치하지 않는 것을 깊게 성찰하신 것입니다. 시간은 제자리에 있는 것이 아니라 멈춘 듯이 가고 있다는 것을 내면으로 직시하고 있는 겁니다.

해가 거듭할수록 친구들은/요양병원으로 하나 둘/떠나더니//전화 연락도 힘들더니/어느 날/전화를 다른 분이 받는다/또 한 친구도 그랬다//저장된 전화번호를 지우던 날/수많은 사연들을 지우며/잘 가 다음 달에 만나/언제라도 만날 줄 알았는데//자식들 전화번호라도/알아 둘 걸/뒤늦은 후회를 하면서/무거운 마음 내려놓는다

「저장된 번호 지우던 날」 전문

선생님은 차분하게 사람의 죽음을 마주하고 계십니다. 다음 달에 만나자는 기약이 얼마나 허망하신 것이라는 것을 친구들의 모습을 보면서 이미 감지感知하고 있습니다. 하면서도 하나의 방법론 제시를 하고 있습니다. 우리들 모두에게 주시는 메시지 같습니다.

우물쭈물하다가/아침나절 보내고/어정어정 서성이다/점심 나절 보냈다//모래알만큼/많은나날들을/모래알 빠져나가듯/흘러 보내고/지금은 빈손//석양의 언덕에 서서/후회도 사치스러운/허당으로 보낸 날//예지랑날/고비에서 돌아본다

* 예지랑날: 경북 방언, 하루 중 늦은 오후

「노년의 삶」 전문

실은 노년의 삶 뿐만 아니라 일생이 그러한 것을 선생님은 말씀하시고자 합니다. 인생의 결실을 거두기 위해서는 어정어정할 일이 아니라는 것, 모래알처럼 시간을 흘려보내서는 안 된다는 것을 깨우쳐 주고 계십니다. 선생님의 현학자적인 심지를 깊게 느낄 수 있습니다. 매순간을 허투루 지내시지 않는 선생님 삶의 철학을 읽어 낼 수 있는 대목입니다.

가실가실/털실이 살아있는/새 수세미//지금 쓰고 있는/닳고 닳은 수세미/너를 밀어내고/새 수세미가 들어섰다//처음에는 그랬었지 너도/세월 앞에서 앙상하게/쪼그라들고 작아지고 작아진 너/참 수고 많았다//너를 보면 나를 돌아보게 하네/새 물결이 밀려오면/고인 물은 자리를 비워주고/손 흔들며/즐거운 마음으로/물러나야지

「수세미」 전문

선생님 작품의 특성 중 하나는 이렇게 생활 속에서 글감, 소재를 찾아내어 의미를 부여하시는 탁월한 감각을 가지고 있습

니다. 세월의 흐름을 수세미에 비유하여 결국 고인 물은 미련 없이 손 흔들며 새로이 밀려오는 새 물에 자리를 내주어야 한다는 극히 자연스러운 철학을 구현하고 있습니다. 쉬운 말로 쉽게 자연철 학을 설파하고 있는 점이 선생님 시의 장점입니다.

> 천상에 집을 지어/좋아라/떠난 당신//가시 난 듯/오시어//쑥대처럼 자란 머리/깔끔히/다듬고 깎아 드리면//천상열차로/도로 가시옵소서
>
> 「하늘 동네」 전문

무거운 주제를 선생님은 마냥 무거울 수만은 없다는 본질을 꿰뚫고 계십니다. 붕성崩城의 아픔을 극복하시고 깔끔하게 벌초해 드린 후 다시 천상열차 타고 본향으로 가시라고 합니다. 얼마나 멋스러운 발상이신지요. 지상에 계시는 선생님도 하늘에 계시는 바깥 선생님도 편안하실 겁니다. 하늘 동네의 안부가 그려집니다. 맑은 투시안·적요안寂寥眼입니다.

> 태어날 때/어머니로부터/한 장의 차표를/받았습니다//팔십 년 차푠지/구십 년 차푠지//내리는 역은 모릅니다/당신께서 내리라시면/내려야만 합니다//내릴 때는/앞섶에 달아준/이름표를/깨끗이 닦고 닦아서/오라고 하셨습니다
>
> 「어머니 역」 전문

「단추」와 「어머니 역」에서 선생님 시 주제의 절정을 이루고 계십니다. 어머니로부터 받아든 차표로 한 세상 열심히 살아오셨습니다. 살아가는 동안, 만 가지 일을 겪으며 살아 냈고 살아 갈 것입니다. 어느 날, 어머님 뵙는 날, 더럽혀지지 않은 깨끗한 이름표 달고 어머니 앞에 나서고 싶다는 노시인의 염원에 공감합니다. 끝내 어머니께서는 역에 도달한 따님, 선생님 만나 두 손 잡고 기쁜 눈물로 "애썼다" 하실 겁니다. 우리 모두는 그날을 위하여 깨끗이 살아야 하지 않겠냐는 무언의 교훈을 내리고 있습니다.

이렇게 선생님 시는 철학자적인 형안炯眼으로 삶을 직시하고 있음을 잘 알 수 있습니다.

Ⅱ. 관찰자 시점으로 바라본 깊이

평소에도 선생님은 수다하게 말씀하시지 않습니다. 무언으로 그저 느끼시면서 짐작으로 가늠하고 계시다는 것을 직감할 때가 많습니다. 고요한 관찰자의 시점으로 머무시지만 속은 깊게 살피시는 듯합니다. 그러한 면모가 작품 속에서도 여지없이 잘 드러나고 있습니다.

동그라미 세모도 아닌/네모난 창/그 속에/오만 가지 다 들어 있다//까르르 웃는/ 귀여운 아기와 엄마/택배요/한마디 던지고/

바삐 돌아서는/아저씨의 바쁜 걸음//경비 아저씨/단지 내를 한 바퀴 둘러보고/청소를 담당한 아주머니는/주어진 시간 바쁘다//동네 공원 벤치에 앉은/ 초로의 부부 뒷모습/길 나선 아주머니는/배낭을 업고 간다

「네모난 창」 전문

네모난 창으로 세상을 바라보는 관찰자의 시점이 참 재미있습니다. 때로는 선생님의 시 세계가 심란하거나 어둡지 않습니다. 어쩌면 볕 좋은 날, 공원 한 자리에 앉아서 세상 사람들 관찰하노라면 만화경 못지않게 흥미롭지 않을까요. 독자들도 덩달아 상상의 세계로 몰입하게 될 것입니다.

천리포 수목원, 작은 연못/수면에/연잎 피우고/수련이 피었다//분단장 곱게 하고/청순한 자태로 함박웃음/온종일 눈부신 햇살 어르다가/부는 바람에 살랑대다가//해 뜨고 지고,/해 뜨고 지고/이울어 가는 모습 감추고/스스로 몸 꺾어 물속에서 잠든다

「수련」 전문

수련을 수련睡蓮의 세계로 이끄심도 선생님의 관찰 덕분입니다. 문학 공부 시간에 합평할 때 수련水蓮을 생각한 저에게 함께하신 문우님께서 말씀 주신 바와 같이 선생님께서는 이미 '스스로 몸 꺾어 물 속에서 잠든다'는 수련의 생리를 오랜 시간 관찰한 끝에 알아 내셨고 그것을 작품으로 승화시켰던 것입니다. 수련 곁에서 몇 날을 서성이셨을 선생님 사색에 함께

하는 마음으로 시를 읽습니다.

> 아침마다/집을 나설 때/손수건을 챙기던/지난날/종이 손수건으로 바뀌고//지금은 꼭 챙겨야 할/바로 안심/케이에프 94/황사 방역 마스크//손수건 잊어버린 건/버스 전철 타는데/눈치코치 안 봐도/마스크를 착용하지 않으면/차에서 내려야 한다/꼭 내려야만 한다//여권 비자 없이도/어름서름 없이 넘나들며/세계를 휩쓴 팬데믹/불청객 코로나
>
> 「세상에 이런 일이」 전문

선생님은 시속에도 관심이 많으십니다. 시인은 섬세한 관찰력으로 시대를 기록하고자 합니다. 세월이 지나서 옛이야기 할 날을 기다리고 살 듯이, 언젠가 그런 때가 있었다는 사실을 충실하게 그려내고 있습니다. 세월 지나 잊혀져 버릴 테지만 현 상황을 글감으로 하여 형상화시키고 있는 시인의 자세를 높이 평가합니다.

> 처음 이사 왔을 때/화단에 소나무/일 층을 오르락내리락하더니/십 년이 지나서/사 층까지 자랐다//토종 소나무가 아닌/외래종 솔 솔잎도 세 잎/뻗어가는 가지의 모양도/다르고 껍질도 다르다//손 뻗으면/잡힐 것 같은 나무초리//구름 속을 지나 하늘까지/누가 사는지 궁금해서/올라가는 길이라고/귀띔해 준다
>
> 「나무초리」 전문

나뭇가지의 가느다란 부분을 뜻하는 나무초리를 최소한 사년 이상 관찰하여 묘사해낸 수작입니다. 찬찬히 살펴보지 않으면 결코 모를 일입니다. 의인법을 활용하여 앞으로 더 커서 하늘나라까지의 궁금증을 증폭시키고 있습니다. 토종 소나무와 외래종 솔과의 변별성을 아실 만큼 자연에 대한 지식도 선생님은 풍성하심을 알 수 있습니다.

> 은빛 소년 소녀들이/항시 모이던 곳/봄날엔 개나리 살구꽃이/흐드러지게 피던 시절이/그 언제였던가//우수 무렵/휴관해서/입추가 지나고/처서가 눈앞인데/텅 빈 교실//복지관 지붕 위엔/하릴없이 긴 장마/찬비만 나리네.
>
> 「절로 우는 찬비」 전문

단순한 듯 무표정한 듯 하지만 섬세한 관찰력이 따라 주지 않으면 쓰여질 수 없는 작품입니다. 처연한 듯 절로 우는 듯한 찬비소리가 계절적으로 차츰 깊어갈 것임을 선생님은 예시적 감각으로 이미 터득하고 있습니다. 봄날 지나 가을로 스며드는 고요한 정적 속의 빗소리는 온갖 상념까지도 불러일으키는 듯합니다.

> 노오란 왕겨 속에/빠알간 사과/물소리 바람 소리/함께 담아 실려온/사과 한 궤짝//다 먹었다 싶어/겨를 쏟아부으면/부끄러운 듯/숨어있는/사과 한 개//적바람 한 줄 없이/종이 상자 들여놓고/떠나 버린 너/기억도 아슴푸레/노을 속으로 사라져 간/사과 궤짝
>
> 「숨은 사과」 전문

메모 하나 남기지 않고 사라져버린 너의 모습을 갖가지 상상력으로 생각해 보게 하는, 감추어진 사과 한 알을 이처럼 멋지게 그려내십니다. 다 먹고 난 뒤에야 상자를 비울 때 발견된 사과 한 알, 특히 왕겨라든지 적바람이라는 예스런 언어가 시절을 짐작해 보게 합니다. 선생님만의 분위기를 연출하십니다. 결코 세세한 관칠력이 아니면 발견할 수 없는 사과에 대한 단상이 아름답게 펼쳐지고 있음을 알 수 있습니다.

> 단지를 휘감고 흐르는/실개천에/물오리 가족이 나들이를 즐긴다/어미가 움직일 때마다/쪼르르 물 이랑을 가르며/따라다닌다//물속에 구름이 내려오고/산이 거꾸로 잠겨 있는 곳/자맥질을 한다/구름을 목에 감는다/산 허리를 목에 두른다/하늘을 감아내고/우주를 휘감는다
>
> 「물오리」 전문

실개천에 나앉으셔서 얼마간 관찰하신 기록을 그림과 같이 그려내셨습니다. 구름과 산을 배경으로 하늘과 온 우주까지 범주를 넓히며 사색의 폭을 확장시키고 있는 선생님은 예사롭지 않습니다. 시를 읽는 독자들은 실개천에 무심한 듯 나들이 나온 물오리를 보면서 시인의 감성에 공감하게 되리라는 생각을 해봅니다.

> 철원 곡창지대/재두루미 한 쌍이 일찍 날아와/드넓은 평야 독차지하고/먹이를 줍는다//동토에서/구름 등을 타고 왔나/바람 등

을 타고 왔나//오다가 풍악 단풍/붉었더냐 푸르더냐//다음 해 오거들랑/소식 좀 물고 오렴

「재두루미」 전문

철원평야를 날아온 재두루미에게 선생님은 마치 반가운 손님에게 묻듯이 마음을 실어 전하고자 합니다. 공간의 폭을 남한에서 북한까지 넓혀, 금강산의 소식도 가져오라고 당부하십니다. 몸은 지상에 기대어 계시면서도 마음은 널리 널리 향하고 있는 품 크신 분임을 알 수 있습니다.

달걀 속에서/스물 하루 동안/우주를 그리다가/스스로 깨고 나온 녀석의/첫 마디는/"삐약삐약" 이다/어미를 찾는 소린가/세상 밖으로 나온/환호인가//노오란 깃털에 노오란 부리/보고 또 봐도/귀엽고 앙증스럽다/종종걸음으로/콕 콕 콕 좁쌀을/잘도 쪼아 먹는/햇병아리

「햇병아리」 전문

햇병아리를 섬세한 관찰력으로 살펴보신 후, 청각과 시각을 살려 그림 같은 모습으로 묘사를 하셨습니다. 글감을 이렇게 도처에서 취하고 있습니다. 그만큼 마음의 눈과 온 감각을 열어 놓으시는 시인이십니다. 단순한 듯한 하나의 장면에 빠져들게 하는 선생님만의 시적 분위기가 작품의 완성도를 가져오게 합니다.

손쉬운 농기구 호미는/쓰임새가 많다/정원을 가꿀 때도/텃밭에

일할 때도/호미를 들고 나간다//호미는 언제나/흥겹고 즐겁게 일했다/큰 꿈을 품고/먼 나라에/여행을 꼭 하고 싶었다//비행기도 타 보고/배도 타 보고 싶은/간절한 바람으로//어느 날 드디어/할매도 못 가본 미국 땅/아마존 쇼핑몰/여행 아닌 이민을 떠났다

* 경북 영주 대장간 석노기 장인이 만든 호미가 미국 아마존 쇼핑몰을 통해 판매됨.

「푸른 꿈」 전문

선생님의 작품이 아니면 우리나라의 토속적 농기구인 호미가 미국 땅 아마존 쇼핑몰에서 팔리고 있는 줄 몰랐을 겁니다. 이렇게 선생님의 세계관은 관심의 폭이 넓다는 것을 짐작하게 합니다. 역시 섬세한 관찰자의 기법으로 가일층 상승구조를 이루게 합니다. 압권은 '푸른 꿈'이라는 제목으로 호미가 전 세계인에게 잘 팔려 나가기를 기원하는 깊은 마음의 표현을 실어 놓고 있는 것입니다.

이렇게 선생님은 찬찬하고 잔잔하시게 섬세한 관찰력으로 사물을 살피시고 세상사를 눈여겨 보시면서 작품을 구상하여 그것을 시적으로 형상화 시키고 있습니다.

Ⅲ. 자연언어의 명징성과 투시성

선생님의 정서는 지극히 자연 언어를 잘 비치도록 투명하고 분명하게 잘 구사하고 있습니다. 도회지에서 사신 지 오래되셨으나 소박하고 어여쁜 자연의 언어 감각을 놓치지 않고 있

습니다. 자연의 순리를 따르며 원현이정元亨利貞과 대시이동待時移動의 이치를 잘 살펴 순천順天하는 삶을 지향하고 있습니다.

비닐 봉지 속에/꽃잎 한 잎/눈꽃처럼 흩날리며 지는 꽃이/길바닥에 누웠는데/…/꽃비로 내려앉으면/봄은 제풀에 녹아드는데//아쉬워라/봄은 문득 왔다/속절없이 떠나는데/따슨 볕 비껴드는/산사에서/팽주가 다려주는/꽃잎 차 한 잔

「꽃차」 중에서

솔가지 사이로/높새바람 달아나고//매화꽃 망울 꽃샘바람/잔설을 녹이네//언듯언듯 꽂힌 볕살/봄 햇살이 완연하다//부지런한 농부는/소 몰아 쟁기질/잠든 흙을 깨운다

「봄이 한 뼘 가까이」 전문

눈 속에 피는/노오란 옷을 입고 오는/복수초/봄의 화신이다/눈을 녹여가며 피는 꽃이/너 말고 또 있으랴

「복수초」 전문

감꽃이 필 때/검정콩 심고/감꽃이 질 때/메주콩 심는다지//…//어린 시절/먹기도 하고/실에 꿰어/목걸이도 만들던 때//감꽃 속에 그 시절이/오랜만에/참으로 오랜만에/들어섰다

「감꽃이 필 때」 중에서

이른 봄/달래 냉이 쌉싸래한/입맛 돋구는 씀바귀/향긋한 쑥 된장국을/식탁에 봄을 올려 놓는다//봄나물은/지칭개 꽃다지 벌금다지/…//나물 중에 으뜸은/더덕 도라지 잔대 두릅 개두릅/'ㄷ' 자 들어간 나물/두릅 엄나무 어린 순(개두릅)은/이때를 놓

치면 먹을 수 없다/독특한 향기의/그 맛/엄나무 어린 순

「봄나물」 중에서

…/온 천지의 꽃들이/한꺼번에 피는데/정신을 잃을 지경이다//선계의 서왕모가/산다는 곤륜산에 천도 복숭아꽃도 이토록 아름다울까//매화 개나리 진달래 벚꽃/아프도록 몸부림치며/한방에 피어나서/눈길 둘 곳 잃어버린/올해의/ 봄 봄 봄

「꽃들이 발광을 하네」 중에서

동장군 품속에/봄 아가씨 몰래 숨어/연둣빛 빗소리에/살포시 실눈 뜨고/사뿐사뿐 나오시네//하얀 구름 너울 속에/고운 얼굴 감추시고/산으로 들로 마을로/휘돌아 치더니//온 산하 동네/열두 폭 연분홍 치마에/자주색 호장 박은/샛노란 저고리/갈아입히셨네

「봄날」 전문

봄바람이 바람났어요/오색 무지개 옷을 입고/산으로 들로 헤집고 다녀요//매화에는 연분홍 옷을/개나리 산수유 꽃은/노랑 옷을 입혀 주지요//벚나무에는 흰나비 날개 같은 옷을/목련은 우아한 유백색 옷//뒷동산에 피는 참꽃/고향 마을에 피는 복사꽃은/현란한 만큼 아름다운/분홍 옷을 골라주고//살구꽃은 연분홍/수수꽃다리 고운 보랏빛을/…

「바람의 딸」 중에서

참새가 날아와서/창틀에 앉아 있다/가끔 까치도 날아와 앉았다가/두어 번 까악 까악/아침 인사하고/날아간다//참새와 나는 유리창을/가림막처럼 사이에 두고//두리번 두리번/살피다가/호로록/날아가 버린/그 창틀엔/지금도 내 마

음속엔/참새가 앉아 있다

「봄날 아침에」 전문

봄의 정서를 읊고 있는 선생님의 시어는 화사하고 화려하다 못해 지극히 풍요롭다는 것을 알 수 있습니다. 다채롭기만 합니다. 문채文彩의 빛남이 흐드러지고 있습니다.

'꽃잎' '꽃비' '꽃차' '눈꽃' '따슨 볕' '봄' '꽃샘바람' '높새바람' '초가지붕' '볕살' '봄 햇살' '흙' '풀' '고드름' '나무' '산' '감꽃' '검정콩' '메주콩' '달래' '냉이' '씀바귀' '지칭개' '꽃다지' '벌금다지' '더덕' '도라지' '엄나무' '개두릅' '매화' '개나리' '천도 복숭아꽃' '벚꽃' '살구꽃' '수수 꽃다리' 등의 자연언어에 참새까지 날아와 마음 속에 자리하고 있다고 노래합니다. 참으로 황홀한 자연 언어로 전신 채색하고 있습니다. 상상만으로도 평화로워집니다. 아는 만큼 보이고 쓸 수 있다고 하듯이 이처럼 선생님의 자연 언어는 풍요롭습니다. 지극히 서정적인 감성을 불러 일으키는 장점이 있습니다. 우주 만물의 이치가 순리적으로 진행되는 자연의 모습 속에서 선생님은 글감으로 선택하여 매우 효과적으로 시적 이미지를 부각시키고 있습니다.

가을 들판에/작고 앙증스러운/애기 민들레가 피었네//…//바람 등을 타고 날아와서/무엇이 그리 급해/다음 해 봄날을/기다리지 못하고/가을 들판에 피었는가

「가을 민들레」 중에서

소슬바람이 불어오고/국화꽃이 필 무렵이면/돌쩌귀에서 문짝을 들어내어/빛바랜 종이 걷어내고/문을 바른다//…//외풍을 막아 주는/문풍지도 달고 나면/그날 밤은/삼십 촉 백열등이 더 밝았지//이제는 저편으로 밀려나서/잊혀져 아쉬운/문 바르던 날

「문 바르던 날」 중에서

단지 내 감나무/감꽃이 피고/완두콩 같은 열매 하나 품어/여름날 천둥 속에/장맛비 이겨내고/돌개바람 막아 내어/곱게도 영글었네//주홍빛 감이 탐스럽게/주렁주렁 열렸네//경비아저씨는/한 알 한 알 감을 따서/편지함 속에 넣어 주신/고운 손길/가을을 전한 편지함

「행복을 나른 편지함」 전문

투 두둑 툭/아람이/가을을 치고 떠나가고//빛바랜 사연일랑/낙엽에 실어 보낸다//대추 붉어 가는 산골/외딴집/싸리 울타리에/산새가 날아와/빈집을 지켜주고//마당 가에 노오란 국화는/방시레 웃는다

「산새」 전문

초가지붕엔 박 넝쿨 자리잡고/고추가 널려있는 마당에/하늘을 들여 놓았다/고추잠자리는 마당을 한 바퀴 돌고/바지랑대에 앉아 지친 날개를 쉰다//빨랫줄에는/할아버지 고의적삼/할머니 왜포 치마//할아버지는 도리깨질/콩 타작 서두르고/할머니는 키질이 바쁘시다//짧은 가을 해가 금세 지고/하늘엔 아미월이 떴다

「가을 끝자락」 전문

칠팔 월/어슬녘/눈꽃처럼 배꽃같이/이가 시리도록/수줍게 피어나는/정겨운 박꽃//…/보름달을 꼭 닮은/박, 박이 열렸네//바

늘로 콕 찔러/바늘 끝이 튕겨져 나올 만큼/여물어야 바가지가 된다고/참빗으로 곱게 빗은 낭자머리에/어머니는/돗바늘 한 개 꽂으시고/지붕 위로/올라가셨다

「박꽃」 중에서

가을의 언어, 또한 다채롭고 풍요롭습니다. 가을 정서의 만끽을 노래하고 있습니다.

'가을 들판의 민들레' '소슬바람' '국화꽃' '박꽃' '바가지' '주홍빛 감' '붉은 대추' '박 넝쿨' '고추잠자리' '도리깨질' '콩타작' '낙엽' 등 가을의 이미지 형상화에 주력하고 있음을 알 수 있습니다. 통상적인 가을 언어에 자신의 체험담을 밑그림으로 하고 있기 때문에 실감을 더합니다.

특별히 현대인들이 잃어버린 정서를 오늘날에 되살려내는 힘이 선생님의 시에서는 여럿 보이고 있습니다. 다른 작가들에게서 볼 수 없는 변별성입니다. 문 바르던 날의 정서, 박꽃 이미지, 행복을 나르는 편지함 등은 따뜻한 작가의 시선을 가져오게 합니다. 하여 선생님의 시는 온기가 있으며 소중한 전통의 힘이 담겨 있습니다.

이 밖에도 「까마종이」 「초록싸리꽃」 「율곡 수목원」 등의 작품에서 나타난 자연적인 정서를 상기할 만하다고 하겠습니다.

창가에 기대 서서/노을빛 지는 해를 바라본다/구름 속에 피어나는 하늘/황홀한 빛 찰나의 끝물 사랑//겉으로 꽃을 못 피우

고/속으로 피어나/멋진 열매를 맺는/무화과처럼//토닥토닥 여며가며/오래도록 뭉근히 피우는/꺼지지 않는 겻불처럼

「노을빛 연가」 전문

어느 분이 가셨는고/나무도 풀도/산도 들도/소복을 입으셨나//초가지붕 내린 눈이/밤 세워 눈물인데/눈물도 모자라서/수정 같은/고드름

「설야」 전문

몸이 낡았다고/마음까지 낡으랴/마음은 시들지 않는/청춘 가슴 설렌다//차 한 잔도 못했는데/눈 내리는 날 오후 3시쯤/북악산에 안겨있는/삼청각 테라스에서/눈 내리는 숲을/내려다보며/따끈한 차 한 잔/하고 싶다

「눈 내리는 날」 전문

동백꽃 누운 길/하도나 고와/잠든 꽃 깨울라/조심조심/제겨 디딥니다//하늘나라 왕자별님/밤마다 내려와/꽃 잠자는 아가씨를/차마 못 깨워/자장 노래 불러주고/그냥/돌아갑니다

「동백꽃」 전문

모든 만물에는 생성과 소멸의 시기가 있습니다. 아침이 있는가 하면 저녁노을도 있습니다.

이렇듯 자연의 섭리하심을 선생님은 매우 천연스럽게 받아들이십니다.

노을빛 지는 창가에서 멋진 열매의 무화과처럼, 뭉긋하게 꺼지지 않는 겻불처럼 삭히시고 여미시는 모습도 인상적입니다.

눈 내린 밤의 정서를 '눈물이 얼어서 고드름이 되었는가'라고 가신 분의 아픔을 되새김질하며 환기시키는 장면은 압권입니다. 또한 눈 내리는 날의 정서에서도 시들지 않는 마음의 청춘을 운치 있게 펼쳐놓고 있습니다.

꽃이 피는 순간도 아름답지만 동백꽃의 생리를 잘 아시는 선생님께서는 한 편의 그림 같은 동화의 세계로 소멸의 상태를 한 층 승격시켜 놓고 있습니다. 아름다운 자연 정서의 극치미를 보여 주고 있습니다.

이렇듯이 선생님은 사계절의 운치와 정서를 다채롭게 잘 펼쳐 놓고 있음을 알 수 있습니다. 그것은 오랜 세월 자연의 섭리에서 벗어나지 않는 순리적인 삶을 살아오신 선생님의 가치관이요, 철학의 반영이기도 한 것입니다.

Ⅳ. 토속적 언어의 미학

선생님의 어휘는 고풍스럽습니다. 때로는 사전 속에 담겨 있는 언어이기도 합니다. 오늘날에도 살려서 널리 알려야 할 언어가 많습니다. 때로는 고어 사전을 찾아야 하는 정겨운 언어도 보입니다. 정이 뚝뚝 묻어 나는 고향 언어와 감각이 유다른 고어의 감각적 언어가 도드라집니다. 농기구를 글감으로 한 것은 농경 사회의 고향 정서와 시골의 분위기가 잃어버린 정서를 되돌아보게 합니다.

5일마다/장이 서는 날이면/동네가 텅 빈다//남정네는 등에 지고/아낙네는 곡식을 이고/장에 가서 생필품을 사온다/메레치 빨랫비누/호메이(양미리) 고기 사고/참기름 들기름을 짜 온다//장날마다 돌아 치는/보부상 장돌뱅이/난전엔 사람들이 모여들고/사람 사는 냄새가 물씬 난다//돌고 도는 장날도/하루를 쉬는/장 공일이 있다

「장날」 전문

돋을볕 울타리에 쏟아지던/그 어느 해 봄날/휘어져 샛노랗게 피어난/개나리꽃을 보시고/어머님은/아가야/어사화가 폈다//그 순간/이른 새벽 정화수 한 그릇/옥반에 받쳐놓고/아들의 알성급제/빌고 빌던 당신의 뒷모습이/노오란 꽃잎 속에/알알이 꽂혔다

「어사화」 전문

…/타고 남은 잿불은 화로에 담아/꼭꼭 눌러두면/잉걸불보다 더 오래갔다//겨울밤/고구마 밤 구워 먹기도 하고/인두를 꽂아 바느질도 한다/늦게 오시는 아버지를 위해/삼발 꽂아 뭉근히/보글보글 청국장 찌개/언제나 도란도란/꽃 피우는/질화로

「질화로」 중에서

동치미를 안 담은 지/오래되었네//청운동에 있을 땐/땅에 묻어 꺼내면/쨍 한 맛이/참 좋았는데//김치 냉장고도/그 맛을 못내/담고 싶지만/그냥 둔다네

「동치미」 전문

7월을 마지막으로/올해의 김매기를 끝내고/거랑가에서 깨끗이/호미를 씻어 걸어 두고/온 동네 사람들이 모여/풍년과 안녕

을 기원하는/고사를 올리고 나서/…/춤추고 노래하고/함께 얼려 주거니 받거니/아름다운 이 풍속/풋 굿 먹는 날/내 고향 안동에는/지금도/해마다/이맘때가 되면/풋 굿 축제를 한다

「호미씻이」 중에서

…/솥뚜껑 걸어놓고 호박적 부치다가/생각나서 하며 많이 먹으란다//본동댁은 주민등록증이 없어/평생 선거 한 번 못하고/본동 양반은 본인의 나이를 모르고/살아온 부부다/그러던 어느 날/부산에 사는 아들 집에서/ 홀연히 나가신 후 실종 되었다/…

「호박적」 중에서

날씨 춥다/옷 단디 입어레이/야무딱지게 챙기래이/주머이에 손 넣고/댕기지 말거래이/알았니더 할매

「단도리」 전문

날만 새면/밭으로 나가시는 할매/할매 따라 호미도/언제나 동행이다//"호미는 내 친구여/호미는 내 남편이제"//…//할매가 쉬면 호미도 쉬고/호미가 쉬면 할매도 쉰다//힘들다 힘들다고/투정도 할 만 한데/늘상 동행이다/호미야, 호미야 정말 고맙다

「호미와 할매」 중에서

여름밤/평상 위에 누워/하늘을 쳐다보며/별똥별을 찾는다//쑥대 베어다 모깃불 피우면/푸슥푸슥 가는 연기 피어오르기 시작하면/매큼한 쑥 냄새가/마당을 한 바퀴 돌아/이야기 하나 엮어/푸른 꿈을 품고서/하늘까지 오른다

「모깃불」 전문

단오 전날/동네 사람들이 모여/집집마다 짚 한 단씩 모아/그넷줄을 맨다/해마다 매던 그 나무에//단오에는 쑥떡 먹고/창

포 삶은 물에 머리 감아/궁궁이를 머리에 꽂고/깨끼 저고리 반물치마/갑사댕기 하늘하늘/그네를 뛴다//한 번 굴러/지붕 위를/두 번 굴러/산허리를 차고 오르면/구름 속에 나부낀다

* 궁궁이풀은 액을 물리치고 향기가 독특하여 단오에 꽂는 풍속

「단옷날」 전문

5일장 넘나드는/장돌뱅이/등짐장수 봇짐장수/보부상/고갯길마다 않고/가다가 노을 지면/ 주막에서 하룻밤//객이 많아 갈치잠/자다 깨다 노루잠/임 그리며 여윈 잠/입은 채로 등걸 잠/궁싯궁싯 새벽 잠/사방팔방 돌꼇 잠/잠꼬대 코골기/잠버릇도 각색인데//뒤안길로 밀려난/그 시절 진풍경/주모는 간 곳 없고/터만 남은 주막집

「봉놋방」 전문

노을 지는 강나루에/등짐 장수 봇짐 장수/보부상 모여드는/삼강주막//술 한 잔에 목 축이고/국밥으로 허기를 달래던 곳/…//오늘/막걸리 배추부침개 도토리묵/국밥을 먹으며 그때 그 시절로/세월을 거슬러/젖어본다

「삼강주막」 중에서

가히 잃어버린 정서 찾기라고도 할 만합니다. 전통의 문학 보고寶庫입니다. 이렇게 정겹고 우리가 모르는 것이 많은가 할 정도입니다. 선생님께서는 체득體得하신 바를 시로 삭히고 녹여 내어서 작품으로 형상화시키고 있습니다.

작품들을 통하여 시대상을 유추해 볼 수 있으며 역사책에서나 배우고 들었을 내용들을 채취하여 실감 나게 작품으로 그

려내고 있습니다.

앞에서 이미 다루어진 나뭇가지의 가느다란 부분을 뜻하는 '나무초리'도 아울러 기억할 만합니다. '알랑가 몰라' '어디까지 왔노'라는 언어의 뉘앙스도 재미있습니다. 구전 전래 동요까지 채록하고 있어 충분히 일별一瞥할 만한 가치가 있는 작품들이라고 생각합니다.

V. 역사적 심취

선생님은 역사적 고찰에도 일가견이 있으십니다. 답사할 기회가 있을 때는 꼭 동참하십니다. 또한 선생님은 일부러 찾아서도 역사 공부하기를 즐겨하십니다. 다녀오신 후, 꼭 후기를 기행문으로 작성하시기도 하고 시 작품으로 그 이미지를 형상화하시고자 노력하십니다.

> …//대가람의 옛터엔/주춧돌만 남아 있어/웅장했던 법당을 그려보고/삼천 명의 승려가 계셨다니/미루어 짐작해도 상상을 초월하고 가늠이 안된다/왕조의 사찰로서/행궁도 갖춘 절이다//…
>
> 「회암사지」 중에서

> 경북 영주 무섬 마을은/선성 김씨 반남 박씨 집성촌/연꽃처럼 생긴 지형에/강물이 휘돌아 흐르는/수돌이 마을//…//오가는 길손/더디 더디 건널세라/듬성듬성/놓았네/비껴 다리
>
> 「비껴 다리」 중에서

육백 년이 넘도록/지켜온 그 자리/이 마을 전설을 솔잎마다 품고/…/해마다 정월 열 나흗날 자시에/동제를 올리고 술을 듬뿍 부어준다//토지대장에 석송령이란 이름은/자식 없이 가신 분이 짓고/나무에 상속했다/신령스러운 등신목/석송령

「석송령(石松靈)」 중에서

사백 년이 넘도록/무덤 속에 품었다가/시공을 뛰어넘어 살아난/원이 엄마 편지/…/월영교 월영정에/헛제사밥 저녁 먹고/오색 조명 받으며/걷고 있어요/원이 엄마

「월영교」 중에서

기적소리 멎은 지/어언 칠십여 년/녹슨 기찻길 위에/세월은 내려앉고/…/켜켜이 쌓인 인고의 날들/목은 점점 길어지고/기다림에 지쳐버린/작고 작아진/월정리역

「월정리역」 중에서

고양동 향교/나무 판에/붓글씨로 써서/달아놓은/정랑//정겨운 그 이름/옛 시절/시간을 뛰어넘어/고향에 가 서 있다/나는//방학 때 외가에 가서/눈 내리는 겨울밤이면/명을 잣던 외할머니/물레 가락 배불러오는 재미에/꼬박 밤을 새우시는데//할머니 무서워 변소/응 정랑에 갈라나/밖에서 기다리실 때/멀리서 들려오는 다듬이 소리

「정랑(靜廊)」 전문

담수가 부족해서/빗물 받아 저장하는/참항//새(띠)풀을 엮어/나무에 매어 달고/비바리 머리 땋듯 땋아서/끝을 항아리에 담아/빗물을 받아 모은나//전실 속/칭조주신인/설문대 할망은/

섬 동네 만드실 때/할 일이 너무 많아/샘물은 빠졌나 보다

「참항」 전문

이처럼 선생님의 시는 때로는 독자들을 공부하게 하십니다. 본문에 시가 실려 있음에도 불구하고 따로이 평설에 지면을 할애하여 적어 놓는 이유가 분명히 있습니다. 주제별로 충분히 재인식하고 읽어서 공부할 가치가 있기 때문입니다. 시월 시제 모시는 미풍양속도 음미할 만합니다. 배고픈 시절이지만 나름대로의 배려와 조상을 섬기는 아름다운 풍속이기도 합니다. 지금은 천양지차로 격세감을 느끼지만 각 문중에서는 나름 시도해 볼 만하다고 생각합니다. 선생님의 작품을 통하여 그 시절이 그립기도 합니다.

Ⅵ. 수필-산문 속에 깃든 사유

선생님의 빛나는 문집 『단추』에 실린 산문도 일품逸品입니다.

「뉘」의 철학을 … '뉘'가 힘든 과정을 겪으며 '뉘'로 살아온 것처럼 우리 세대는 갖은 풍상을 다 겪었다. 일제강점기 동족상잔의 6.25 사변으로 부모형제가 헤어져서 9.28 수복 후 아버지와 오빠가 무사히 돌아오셨다. 그 후 오빠는 입대 통지서를 받고 제주도 훈련소에서 교육을 받으시고 곧 바로 일선에 배치되어 총알이 빗발치는 전선에서 싸우시다 부상을 입고 강

릉 병원에 계시다가 제대를 하셨다. 그 당시엔 살아오신 자체도 기적이었다. 마치 확 속에서 살아나온 '뉘'처럼 … 이라고 적어 놓으셨습니다. 음미힐 가치가 있습니다.

「남양주를 찾아서」의 역사적 관점을 … 처음 들린 곳은 세조의 맏며느리요 성종의 어머니 인수대비의 친정 아버지 한확韓確의 묘소다. 신도와 어도만 없을 뿐 능에 버금갈 정도로 조성이 잘되어 있고 석물도 대단했다. 또한 비각은 크고 아름다웠고 독특했다.

다음은 광릉 … 세조와 정희왕후 능은 유일하게 동원이강릉同原異岡陵이다. 즉 같은 동산에 언덕만 다르다는 것이며 유두혈이라고 했다. 그리고 정자각이 하나다 … 팔십 평생을 한으로 살아오신 비운의 단종왕비, 정순왕후의 사릉은 보는 이의 마음을 아리게 했다 … 대궐을 떠나오신 정순왕후는 이 비단을 팔아서 생계를 유지하고 단종이 돌아가신 후 비우당에서 가까운 청룡사에서 82세에 생을 마감할 때까지 사셨다 한다.

다음에 들린 곳이 광해군 묘소. 여기는 사전 예약을 해야 관람할 수 있는 곳이다. 상상했던 것보다 더 초라했다. 치적도 많은데 … 아무도 찾아오지 않는 발길도 뜸한 깊은 산속. 안타까운 마음 안고 돌아섰다. 이번에 찾은 곳은 고려 말 충신 대은大隱 변안열邊安烈 장군의 묘소이다. 답사를 간다는 말씀을 듣고 문중에서 나오셨다. … 1361년 공민왕 10년 홍건적을 물리친 공으로 이등공신 판소부감사를 지냈고 우왕 때는 이성계와 함께 왜적을 크게 물리치는 등 공을 세웠으나 다음 해 1389년 김저 등이 이성계를 제거하고 고려를 지키기 위해 모의한 일에 연루되어 유배 후 사형을 당했다. … 변안열 장군의 불굴가不屈歌는 가슴을 저리게 파고든다. … 오후엔 금곡으로 향했다.

고종 명성황후 홍릉, 순종 유릉, 영친왕 영원, 의친왕 묘, 덕혜옹주 묘를 둘러보기로 하였다. … 영화도 봤지만 덕혜옹주의 삶은 이국 땅에서 나라 없는 슬픔을 온몸으로 견뎌내며 고종의 지극한 부성애를 받았던 어린 시절, 뼛속 그리움을 감추고 얼마나 피눈물을 흘리며 살아왔을까?

뒤늦게 조국에 돌아와 낙선재에서 정신마저 흐려진 상태로 사시다가 가신 덕혜옹주님, 묘를 등지고 무거운 마음 안고 돌아섰다. …라는 답사기를 통하여 역사적 애환을 새삼 공부하게 되는 계기를 제공해 주십니다.

「사리가 된 간장」의 철학적 사유를 … 장도 모자라는 판에 그래서 간장 대신 뭇국 끓이는데 넣었더니 오히려 농축되고 깊은 맛이 훌륭했다. 속으로 '털석 버렸다면 어쨌을 뻔했노.' 스스로 나를 칭찬했다. 내가 나를 칭찬하는 일은 처음이자 마지막이 아닌가 싶다. 맑은 유리 알갱이 결정체 사리를 볼 때마다 보석처럼 소중한 생각이 든다. 응고된 사리는 망치로 두들겨야 분리가 될 만큼 단단하다. …라고 하여 단순한 간장이 아님을 일깨워 주고 있습니다.

「새 달력을 걸며」에서는 감사의 마음을 … 이런저런 험한 세상이지만 사회의 한구석엔 이렇게 아름다운 면이 있는 이 나라는 살기 좋은 곳 오늘은 살맛 나는 날 올해의 일 년이 매일매일 즐거움 속에서 감사한 마음으로 하루하루를 살아가겠습니다. …라는 매듭으로 적어 놓고 있습니다. 감사의 마음을 살려 주십니다.

「이야기 사잇길」은 자연의 아름다운 정서를 산문으로 쓰셨는데 … 문을 나서면 옆으로 수수꽃다리 나무가 몇 그루 있고 그 앞에는 대왕참나무, 주목, 참꽃, 철쭉, 목련이 그리고 작은 공원엔 소나무, 회화나무, 느티나무, 배롱나무, 대추나무, 자작나무, 명자꽃 나무와 철쭉이 무리 지어 있지요. 그 길을 따라가다 보면 나만의 길이 있습니다. 내가 제일 좋아하는 오솔길 아니 사잇길이 숨어 있습니다. … 나만의 길이라고 명명하신 사유가 돋보입니다.

「월복」의 역사적 관점을 … 어느 해는 삼복이 20일 또는 30일에 말복이 된다. 올해가 그렇다 열 번째 절기 하지로부터 세 번째 庚日경일이 초복이 된다. 7월 13일이 초복, 23일이 중복, 8월 2일이 말복이 안된 것은 입추가 지나지 않아서다. 그래서 10일이 더 늦어져서 8월 12일이 말복이다. 이것을 월복越伏이라 한다. 지난해는 입추와 말복이 같은 날이었다. 더위가 절정이다. 이름값을 톡톡히 한다. 만일 삼복지간이 추우면 이 또한 야단 아닙니까. 더울 때는 더워야 곡식도 여물고 풍년이 들겠지요. 더위도 잠깐이면 또한 지나갑니다. …라고 하여 절기에 따른 부수적인 설명을 깃들이고 있는 공부가 되는 수필입니다.

「성묘 길에서」는 자연풍광과 역사적 사실을 … 개나리, 진달래가 꽃망울을 터트릴 무렵 집안에서는 성묘를 간다. 봄 한 철, 가을 한 철. 그곳은 신라 때 의상대사가 창건했다는 천년 고찰 부석사浮石寺가 있고 소수서원紹修書院이 있다. 절의 무량수전無量壽殿은 동양 최고最古의 목조건물로 공민왕이 현판을 썼다고 전해지며 배흘림 기둥으로 유명하다. 순흥엔 풍기 군수로 부임한 주세붕이 세운 최초의 서원으로 백운동서원白雲洞書院은 안향을 배향하였다. 그 뒤 퇴계 이황이 부임하시면서 명종에게 누차 상언하여 최초의 사액 서원으로 '紹修書院'이라는 어필 편액을 하사하셨다. 현재 편액은 선비촌 박물관에 보관되어있다. …라고 하여 유적지 공부를 하게 하십니다.

이처럼 산문을 고찰하여 읽어 보면 많은 공부가 됩니다. 답사를 가시더라도 미리 예습하시고 현장에 가셔서는 꼭 메모하고 기록을 하십니다. 신변잡기의 산문이 아닌 점이 유다른 선생님 수필의 변별성이라고 하겠습니다. 글쓰기의 다양성을 추구한다는 면에서 매우 긍정적인 집필관이라고 하겠습니다.

- 나가면서 올리는 글

선생님의 시를 다시 음미, 묵상하며 깊게 가슴으로 읽어 봅니다.

> 우주를 다스리시는/하늘님/송구하옵고 염치없지만/오늘은 저의 간곡한/기도를 올립니다/대단히 부끄러운 청입니다/하늘님/스스로 내 몸을 씻을 수 있고/마지막 날까지/걸을 수 있고 스스로 음식을 떠먹고 마실 수 있도록 허락해 주시고/말을 할 수 있는 능력을 주시고/화장실을 내 힘으로/드나들게 해 주시옵소서/간절히 소망하옵니다
>
> 「신이 필요한 순간에」 전문

선생님의 비장하지 않은 결사(結辭·訣辭)가 오히려 유순하게 만드십니다.

선생님을 마음 안에 모셔놓고 얼마간 묵상합니다. 선생님의 위 시에 저의 미력한 기도를 함께 바치고자 합니다.

지금까지 선생님은 스스로 아침 기침하시고, 공부하러 나오시고 일상의 생활을 영위해 오셨습니다. 그러한 모습을 오래도록 뵙고 싶습니다.

선생님의 간구하심을 온 천지 우주 만물, 영험하신 신께서 도와주시리라고 믿으오며 부족한 펜을 내려 놓습니다.

만수무강하시옵소서!

하고 싶은 말을
다 하지 말자
남겨둔 말은
동양화 그림 속의
여백 같은 거라네

「여백」 전문